JN069719

気になる子の「できる！」を引き出すクラスづくり

実行機能を活かして育ち合うための保育のコツ

福岡 寿

中央法規

はじめに

　筆者は、平成8年度より、保育園の巡回訪問指導に取り組んできました。午前の行動観察を経て、午後に保育者さんへクラス運営と配慮の必要な園児への対応についての助言等を行っています。

　巡回当初は、自閉症やダウン症、知的障害のある園児の行動観察と個別対応の助言が中心で、この本のタイトルにあるような、クラスをどう運営していくか、つまりクラスづくりや集団づくりについて助言することはまれでした。

　しかし、徐々に、落ち着かないクラスや学級崩壊のようなクラスが目立つようになりました。このようなクラスでは、保育者が園児一人ひとりへの対応に振り回されてしまいます。具体的には、まとわりついたり、おんぶや抱っこを求めてくる園児に対する際限のない対応、戦隊ごっこなどで走り回っている園児に対する頻繁な指示や声かけ、トラブル調整……。

　通常、筆者の経験から、1割～2割程度の園児には発達に特性が見られるので、クラスの人数が20人であれば、3人程度の園児が「気になる子」として挙げられることは普通ですが、このような落ち着かないクラスでは、5人～8人、さらには半数以上の子が「気になる子」として挙げられることもあります。

　こうしたクラスでは、気になる子への個々の細かい対応をすればするほど、むしろ、落ち着きのない子や手のかかる子が増え、結果として、個別対応が必要な「気になる子」がさらに増えていってしまうという悪循環に陥っている状況が見られます。

　みなさんの園ではどのような状況でしょうか？　「まるで、私のクラスのようだ」と思われたでしょうか？

　このようなクラス環境では、気になる子に対する個別配慮、個別対応を助言しても、保育者はとても手が回りません。また、助言に沿って対応

を試みても、周りの園児の刺激に引っ張られて思うほどの効果を上げられず、むしろ気になる子のこだわりやかんしゃくを増やしてしまっているという様子も見られました。

そこで、徐々にカンファレンスの内容を変えていきました。

まずは、気になる子を取り巻くクラスづくりそのものに重点を置き、何よりもクラスを落ち着かせる。その上で、気になる子が安心して集団適応を果たし、自らの力を活かしていけるよう、個別配慮や個別対応を助言する。いわゆるクラスづくり・クラス運営の取り組みにも言及するカンファレンスが多くなっていきました。

クラスづくりのカギとなるのが、「実行機能」です。実行機能は、園児が自ら考え、行動するために必要な様々な力の総称です。

この本では、周りの刺激に気をとられて騒然としたクラスを「実行機能で動けるクラス」に変え、その中で、発達の気になる子も無理のない集団適応を果たし、自らの力を活かしていくにはどうしたらいいのか? について、気になる子への個別対応も含め展開していきます。

第1章では、園児の実行機能を育てるために必要とされる保育者の関わり方について述べています。

第2章から第5章では、登園から降園までの一日の流れに沿った、具体的なクラスづくり・クラス運営の進め方について解説しています。その際、目標となる、実行機能を活かした園児の動きを「『動ける』モード」と表現しています。

第2章では、家庭から登園してきた園児を「動ける」モードに切り替えていく取り組みについて、第3章では、片付けから朝の会までの一連の流れを、園児が「動ける」モードを維持したまま展開していくための取り組みについて、第4章では、園児が主活動を「動ける」モード全開で取り組むためのプロデュースの方法について、そして、第5章では、昼食から午睡、おやつ、降園に向け、「動ける」モードの定着を図るためのポイント

等について解説しています。

　最後の第6章では、園児の実行機能が育ってきてクラス全体が変わり始めてきたときに、保育者が園児の育ちにブレーキをかけてしまわないように気をつけていくべき視点について、また、気になる子への対応で配慮すべきポイント等について述べています。

　筆者の保育園訪問の実感からは、保育者が意志をもって本気で取り組めば、必ず、実行機能を活かして、夢中で本気になって園児が活動するクラス集団を実現させることができます。

　この本では、実行機能を育てるために園児たちに身につけてほしい行動原則が繰り返し述べられていますが、その都度再確認しつつ、胸に落としていってほしいと思います。

　なお、この本は、2019年に出版した『気になる子が活きるクラスづくり──発達特性を踏まえた保育のコツ』の内容を発展させた続編という意味合いで、具体的に登園後からの一日の流れをどのように展開していくかという視点で書かれています。

　一部内容が重なる部分もありますが、前著と併せて読んでいただくことで、より理解が深まります。

　2021年5月

福岡 寿

Contents

第 **3** 章　一日の進め方②
―「動ける」モードのまま活動を展開する ―

第 **4** 章　一日の進め方③
―「動ける」モードを活かしてプロデュースする ―

第 **5** 章 一日の進め方④
―「動ける」モードを定着させる ―

第 **6** 章 園児が変わり始めたときに大切な視点

第 **1** 章

園児の実行機能を育てる保育者の関わり方

園児の実行機能を育てるためには、保育者の関わり方が重要です。これまでの関わり方を振り返り、保育者としてどのようなクラスにしたいか、どのような園児像を求めていきたいかなど、自身の保育観を確認してみましょう。注意を引き付けなくとも、園児が保育者に自然と視線を向ける関係が育っていくことが、実行機能を育てるクラスづくりのベースとなります。

1 まずはクラスづくりを考える

ポイント 気になる子の「できる!」を引き出すクラスづくりとは、「刺激反応で動いてしまう園児」を「実行機能で動ける園児」に変えていく取り組み

刺激反応　　→　　実行機能

「実行機能で動ける園児」とは?……………………………

　筆者は、行動観察をする際、「実行機能で動ける園児」の多いクラスか、「刺激反応で動いてしまう園児」の多いクラスかを見極めることにしています。

　一般的に「実行機能」とは、目標に到達するために行動や思考の計画、調整、コントロールなどを行う機能の総称とされています。園生活においては、

● 「登園したらまずは、カバンをかけ、連絡帳を先生に出して、着替えをして園庭だぞ。園庭から戻ったらトイレをすませて朝の会だ」

● 「お友だちが遊戯室でのゲーム遊びに向けて、廊下に並び始めたぞ。先生もゲームのグッズをもって移動しようとしている。ぼくも急がな

きゃ……」

　このように、登園したら「自ら動ける」というモードに切り替えて、

● 毎日の園生活の決まった流れを定着させる（ルーチン）

● 保育者や他の園児、周りの状況に意識を向け、活動や課題の切り替え
　に必要な手がかりを求める（他者モニタリング）

● 適切に活動や課題を切り替える（シフティング）

● 自らの動きを振り返る中で適切な行動を考え判断する（自己モニタリン
　グ）

● 本来取り組むべき行動の妨げとなる刺激に気をとられない（自己コント
　ロール）

●「次は○○」「次は○○」と行動を進めるために必要な作業記憶を維持
　する（ワーキングメモリ）

　このような力を活かし、自ら行動できる園児を、筆者は「実行機能で動
ける園児」と保育者に説明し、「実行機能を育てるクラスづくり」を目指
してもらいます。この本でも、「実行機能」という言葉をそうした意味で
使用していきます。

目の前の刺激に反応してしまう園児 ……………………

　保育者が自覚をもって意識的にクラスづくりを進めていかないと、なか
なか実行機能で動ける園児の多いクラスには育っていかないのが現状です。

　実際は、お友だちとの戦隊ごっこに夢中で、保育者に注意されるまで整
列に気づかなかったり、トイレから戻る途中で廊下の掲示物などの刺激に
気をとられ、みんながクラスに戻って次の活動を開始しているのに、保育
者が迎えにくるまでクラスに戻ることができなかったり……。

　このように、目の前の刺激に反応してしまい、「次は○○」「次は○○」
と実行機能で動くことができない園児の多いクラスが増えていると思いま
せんか?

　筆者は、こうした傾向にある園児を「刺激反応で動いてしまう園児」と
保育者に説明し、日頃のクラス運営を振り返ってもらいます。

　気になる子も自らの力を活かせるクラスにしていくためには、「刺激反応で動いてしまう園児」を「実行機能で動ける園児」に変えていく取り組みが必要です。「刺激反応で動いてしまう園児」の多いクラスでは、気になる子に個別対応する保育者の姿や、気になる子の言動などが刺激となり、園児たちがどんどん落ち着かなくなってしまいます。

ポイント 「実行機能を活かして活動する集団」の上に「気になる子への個別対応」という重層構造

個別対応

実行機能

　筆者は、保育園巡回を積み重ねる中で、発達の気になる子にとって最も重要な環境は、「実行機能を活かして、夢中で真剣に、いきいきと活動する同年齢の集団」であると確信するようになってきました。

　かつて、保育園の巡回指導を始めた当初は、気になる子にのみ着目し、視覚支援や刺激の調整等をどのように工夫していけばいいのか、様々な研修会に参加したり多くの本を参考に個別対応のアイデアや工夫を模索していました。

　しかし、単に気になる子への個別対応のみでは不十分であると、クラスづくりの取り組みを通して実感するようになりました。

　クラス全体が落ち着いていない状態で、気になる子に対し、特性に配慮

した個別対応をあの手この手で試みても、最初の数回は上手くいったとしても長くは続かず、それほど期待する効果は望めないというのが筆者の実感です。

　加配保育者は、やむを得ず気になる子を集団から離し、マンツーマン対応に終始せざるを得ない状況となるか、逆に、「なんとかお友だちとの関わりを……」と思い、刺激反応で動きがちなクラスにやや強引に誘導してしまい、かえってかんしゃくやこだわりなどを増やしてしまうことになります。そのため、気になる子の適応障害を生み出したり、結果として「発達障害」という診断を受けることもあります。

　気になる子の保育で重要な環境は、「園児一人ひとりが実行機能を活かして、夢中で真剣に、いきいきと活動する集団」という基礎的取り組みの上に「気になる子への個々の特性に配慮した対応」がなされるという重層構造のクラス環境であると現在では理解しています。つまり、気になる子への個別対応を効果的に行うための土台作りとして、クラスの園児一人ひとりの実行機能を育てることが必要なのです。

　児童発達支援センターや発達の気になる子を集めた療育教室等での取り組みを、保育所等訪問支援事業や市町村等で実施する保育園巡回等を通じて、実際の保育現場で活かそうと試みても、訓練の場ではそうした土台となる環境がシミュレーションされていないため、もっぱら気になる子に対する対応方法に重点が置かれがちになります。

　結果として、刺激を整理するためのパーティションの設置、スケジュールと手順を示すカード提示のノウハウ、かんしゃくを起こした際のクールダウンの方法等、気になる子への個々のアプローチに留まりがちになる傾向を感じます。

> **ポイント** 実行機能で動けるクラスが育っていくと、気になる子が「ぼくも」「わたしも」とクラスの活動に参加したくなっていく

　クラス全体が実行機能で動ける園児集団に変わっていくと、それまで入室を拒んだり、クールダウンできる環境を求めてクラスから出て別の場所で過ごしていた発達の気になる子も、「アッそうか、この動きならわかる。ぼくも……」というように、クラスの活動に参加したいモチベーションが高まっていきます。

　例えば、振り付けのある歌を歌う場面で、

- 「最後の繰り返しのフレーズなら大声で歌える！」
- 「決めポーズならできるぞ！」
- 「ピョンピョン跳ねる動きは得意！」

　リトミックで、

- 「アヒルのようにかがんで歩くのは苦手だけど、手を広げて走り回るのは誰よりも速いぞ！」

　このように、クラスの活動に対して「ぼくもここだけはやれる！」という気持ちになっていきます。

2 自らの保育観を振り返り、園児との関わり方を見直す

　刺激反応で動いてしまう落ち着きのないクラスには、園児が本来もっている実行機能にブレーキをかけてしまうような保育者の日常の対応や、環境づくりが見られます。

　しかし、そこには、「園児たちに丁寧に関わってあげたい」「一人ひとりの園児に寄り添ってあげたい」「一人ひとりの園児に楽しみや喜びを与えてあげたい」といった保育者の保育観に基づく園児との関係づくりが強く影響しているのです。

　園児を思うあまりに、結果として園児の実行機能にブレーキをかけてしまう保育者の関わりについて、見直してみましょう。

> **ポイント** 園児と関係を深めたいと思うあまりに、声かけ、スキンシップ等の関わりを強めてしまう対応を見直す

おんぶ・抱っこ・まとわりつきの対象とならない 保育者に

　園児が「連絡帳は○○に提出」「水筒は○○のカゴに」等の行動を起こす前に、保育者が声かけや指示、場合によっては個別対応を繰り返してしまうと、保育者の声かけや個別対応がないと行動を起こさない園児が増えてしまう傾向があります。

　また、関わりを求めてくる園児に対しておんぶや抱っこ、まとわりつき等の対応を強めてしまうと、園児にとって、

「困ったときに行動の手がかりを教えてくれて、気づかせてくれる人。そして、できたことをしっかりと認めてくれる人。自分で行動できるように手助けをしてくれる人」

という存在であってほしい保育者が、

「まとわりついたり、甘えたりできる人」

という存在になってしまいます。

　結果として「次は○○」「次は○○」という自ら判断した行動よりも、「○○ちゃんが先生に抱きついた、○○くんが散歩で先生と手をつなごうとした、いいな、わたしも……」という周りに気をとられた行動を強めていってしまう傾向が強くみられます。

信頼関係の深め方を振り返る

　こうした背景には、

- 「園児を大切にしたい、個別に対応してあげたい」
- 「関わりを求めてきた子には全て、おんぶや抱っこなどのボディタッチやスキンシップで親しみを与えてあげたい」
- 「泣いてしまった子は、不安なんだから、ずっと抱っこして慰めてあげたい」

という保育者の、園児との信頼関係を深めたいという思いが強くうかがえます。

　筆者は、園児にまとわりつかれ、どうにも行動がとれなくなってしまった保育者に、

- 「先生のクラスは、園児たちが、他のお友だちに負けないように、先生からより多くの関心を引き出したいというアピール合戦のクラスになってしまっていますね」
- 「先生自身、園児をどのように成長させたいと思っているのか、園児との信頼関係は個別対応やスキンシップを繰り返していくことで本当に育っていくのか、自身の保育観を改めて振り返ってみてください」
- 「もし、手を貸さずとも自ら取り組める子、どうせ取り組むのであれば夢中で真剣にがんばれる子に育てたいと願うのであれば、まずは、園児たちに安易にまとわりつかれない保育者像からスタートしてください」

とお願いします。

> **ポイント**　子どもたちの興味関心を引きつけるために、クラスをにぎやかで刺激に満ちた環境にしたいという思いを見直す

クラス環境に配慮する ・・・・・・・・・・・・・・・・・・・・・・・・・・・

　崩壊に近い状態のクラスには、園児の刺激反応を引き出し、落ち着きの

ない園児を増やしてしまうクラス環境が見られます。

　例えば、

- お昼寝用の布団が今にも崩れそうに積まれている。
- 多くの掲示物が部屋の壁一面に貼られている。しかも、その掲示物が重なり合ったり、一部がすでにはがれかかったりしている。
- 活動に直接関係しない絵本やおもちゃが手の届くところに無造作に置かれている。
- 保育者の机上にも様々なものが散乱している。

　筆者は折に触れ、保育者に、

- 「クラス環境を改めて点検してみてください。備品やおもちゃや掲示物などが、いかにも『崩して、崩して！』『はがして、はがして！』『見て、見て！』『さわって、さわって！』と園児の刺激反応を誘っていないか」
- 「とりわけ発達の気になる子にとっては、普通であればスルーしてしまう刺激物であっても、そうした『物』が、より強く『見て、見て！』『さわって、さわって！』と訴えかけているように思えるのですよ」

と、クラス環境を整えることの大切さに気づいてもらいます。

　筆者は、保育者対象の研修会等で、演台にホワイトボード用のペンを置いて観察してもらいます。演台の中央に置かれたペンが演台のフチに移動し、今にも落下しそうになりかけたときに、ペンがいかにも「落ちる、落ちる！」と訴えかけていないか、実感してもらいます。

　「物があるべき場所にある」「物が本来の整い方で整っている」そして、「活動に必要なだけの物が必要な分用意されている」……このようなクラス環境に配慮するだけで、園児の落ち着きはずいぶん変わってきます。

『喜ばせる人』から『プロデュースする人』に ………………

　しかし、掲示物で壁一面をにぎやかにしたり、備品や多くのおもちゃを室内に所狭しと配置する背景には、保育者の、

- 「クラスをにぎやかにしたい」
- 「殺風景にしたくない」

● 「園児にはたくさんの興味関心を引き付ける刺激を用意したい」
など、「園児を楽しませたい、喜ばせたい」という強い思いがあります。

　時には、保育者自らが園児の前で、まるでマジシャンのように演じたり、トーク番組のMCのように園児たちと掛け合ったり、園児たちに刺激を与えようとパフォーマンスに努めるクラス風景にも出会います。

　こうした保育者さんには「『喜ばせる人』から『プロデュースする人』に変わっていってほしい」とお願いします。保育者が自らの動きで、園児たちを喜ばせたり、楽しませたりするのではなく、夢中で、いきいき、本気で取り組める活動をプロデュースすることで、「園児自らが楽しむ」「園児自らが喜ぶ」というクラスに変えていきます。

　そして、興味関心を引き付ける「刺激物」でしのいだり、保育者が自らのパフォーマンスに過度に依存したりしなくとも、園児たちが夢中で取り組める活動をどう演出していくか、とりわけ主活動のあり方等についても一緒に考えていきましょうと提案します。

> **ポイント** 保育者との関わりに興味関心をもつ園児から、活動そのものに興味関心をもつ園児に変えていく

みてて！

　園児たちが夢中になれる活動をプロデュースするための具体的なとりかかりとして、もっぱら保育者との関わりに興味関心をもつ園児から、活動そのものに興味関心をもつ園児に変えていくための関わりを意識してもらいます。

　当初は、「せんせー！」と集まってきて、関わりを求めてくる園児に対して、おもちゃや遊具等を手がかりに、園児の興味関心を「活動そのもの」に向けていきます。

　例えば、渡り鉄棒や登り棒の近くに保育者がいるとき、「アッ、先生だ」と園児が関わりを求めてきたとしても、保育者が条件反射的に手をつないだり、おんぶ、抱っこ等の関わりを強めたりしないようにします。すると、かたわらの渡り鉄棒や登り棒に関心を移し、「先生、見てて！」と遊具へのチャレンジを通じて先生との関わりをもとうという意識に変わっていきます。

　保育者は、その変化をとらえ、遊具にチャレンジする園児の取り組みを共有します。「先生、見てて！」と渡り鉄棒を1つ飛ばしで渡り始めた園児を評価したり、もっと上手くできる方法を一緒に考えていきます。

　このように、保育者との直接の関係に興味関心をもつ園児を、活動を通じて保育者との関係を育てようとする園児に変えていく取り組みを意識してもらいます。

　たとえ未満児であっても、単にひざに乗せる、おんぶや抱っこ、一対一で向かい合ってのあやし等で時間を過ごすのではなく、絵本、おもちゃ、グッズ等に興味をもたせ、その興味を共有するという関わりにしていきます。

　そうした「保育者⇔活動⇔園児」の三項関係をいつも意識していくだけで、クラス風景はずいぶん変わっていきます。そして、徐々に、保育者のスタンスを、園児に直接刺激を与えたり、喜ばせたりする立場から、園児が活動自体に興味をもてるような取り組みを演出していく、プロデューサーとしての立場にシフトしていくことが大切です。

> **ポイント** 実行機能は"メインディッシュ"である主活動で園児が自信を深めていくための手段

とれた！

すごい！

やった！

　実行機能を育てるクラスづくりは、それそのものが目的ではなく、園での活動のメインディッシュである主活動をワクワク・ドキドキする活動にしていくための基礎づくりであるといえます。

　園児たちの実行機能が育たず、落ち着かないままだと、声かけやトラブル調整などの保育者の個別対応だけで活動時間が浪費されてしまいます。主活動においても、ふざけてしまったり、ルールを無視してしまったり、いい加減にやり過ごしてしまったり……。

　本来主活動は、園児が真剣に、夢中になれる、ワクワク・ドキドキする活動です。「やったー！」「できた！」「すごいなあ！」という園児の達成感や自己肯定感、感動を演出すべきものです。

　実行機能を育てるクラスづくりは、そのための手段にすぎません。実行機能で動けるクラスに育っていなければ、トラブル続出のゲーム、自ら取り組むことを最初からあきらめて、「先生、わかんない」「やって、やって」ばかりの製作など、手応えと達成感の無い、つまり自己肯定感を高められない園活動になってしまうからです。

　保育者が、

- 「やっと園児たちが落ち着いてくれた」
- 「世話を焼かなくても自分で行動してくれる」
- 「やれやれ、これでストレスなく保育をしていける」

に留まってしまっては、保育者のための園になってしまいます。

　せっかく実行機能で動ける力をつけた園児も、ワクワク・ドキドキしながら「次はなにをするんだっけ？」「次は○○だ、がんばるぞ」と取り組める活動がなければ、徐々に園生活に魅力を感じなくなっていきます。

　実行機能を育てるクラスづくりの基礎固めは年度早々にすませてしまい、その後は、何よりも園児たちがワクワク・ドキドキできる活動のプロデュースに力を注いでいくことが、保育者の本分といえます。

3　多くの園児が実行機能で動けるクラスを目指す

　ここまでで、指示や声かけ、クラス環境の刺激が過剰でなかったか、自らが室内を頻繁に動き回り、個別対応に終始し、結果として保育者自身がクラスを落ち着きのない状態にしてこなかったか、振り返ることができたでしょうか。

　落ち着きのないクラスを改善していくために、保育者のスタンスを見直し、園児が自ら気づいて行動できる「実行機能で動けるクラス」に変えていく取り組みを意図的に進めていく必要があります。具体的な関わり方について、みていきましょう。

ポイント　**一度説明し、経験させた行動に対し、繰り返しの指示や個別対応を控える**

　例えば、園児が鼻をかむ際、保育者の机のわきに置かれたティッシュを使い、すぐそばのごみ箱に捨てるという環境を設定し、園児に説明したならば、その環境を裏切らないようにして、繰り返し指示することは控えましょう。一度その環境を理解し、経験した園児が、「アッ、あそこの

ティッシュ、隣のごみ箱」と気づいて、保育者に個別の指示や対応をされなくても、自ら行って、用を済ませて戻るという動きを強化することが大切です。

　園児が気づいていないときには、すぐに保育者が代わりにやってあげることを控えるのはもちろん、「○○くん。ティッシュで鼻をかんで、ごみ箱に捨てて」と指示することも控えます。「○○くん」と呼び止め、保育者のジェスチャー等で「アッ」と園児自らが気づいて行動を起こせるようにする、「気づかせる」という働きかけが大切です。

　その際、保育者はしかるべき位置で、個々の園児が自ら気づいて行動する動きを定着させていくか視線を送り、一方で、クラス環境が園児を裏切っていないか（例えば、ティッシュボックスとごみ箱がいつもの場所に、いつものように配置されているか）振り返ります(モニタリング)。手がかりに気づかない園児には気づかせ、戸惑っている園児のアイコンタクトに応じて必要な手がかりを示していく取り組みを、意識的に日々積み重ねていくことが重要です。

> **ポイント**　「視線」と「立ち位置」で意図を届けていけば、園児の動きが変わる

近づく　　　　　行って戻る

「近づく、近づく」から「行って戻る、行って戻る」へ …

　年度当初から、日々こうした取り組みを積み重ねていく中で、「どうして先生は、ぼくのところに来て手を貸してくれないのかな？」と思っていた園児も、徐々に保育者の視線、立ち位置を気にするようになり、同時に、その立ち位置と視線、そして表情を通じて、保育者の意図を理解するようになっていきます。

● 「先生は、ぼくの動きを見てくれている。困ったら先生に手がかりをもらおう」
● 「『先生、できたよ！』とぼくから先生を見たら、先生も『うん、OK！』いう表情をぼくに返してくれるんだ」

というように理解する園児が増えていきます。

　結果として、保育者から園児に「近づく、近づく」という動きから、園児が自ら「行って戻る、行って戻る」という動きのクラスに変わっていきます。

　筆者は、カンファレンスの際、前回の訪問と比べて保育者から園児に「近づく、近づく」の動きから、保育者が動くことなく園児が「行って戻る、行って戻る」の動きに変わってきたか、具体的な場面をとらえながら確認してもらいます。

「動き回る保育者」から「視線を届ける保育者」へ ………

　こうした園児の変化を実感してもらいながら、保育者には改めて「動き回る保育者」から「視線を届ける保育者」への切り替えについて、再確認も含め、

「しっかり園児に視線を届けなければ、園児も保育者に視線を届けてくれなくなります。クラスに20名の園児がいれば、どの子も程度の差はあれ、苦手さ、戸惑い等々、いわゆる特性があります。その個々の特性を理解しながら一人ひとりの園児が戸惑いなく動けているか、そして、個々の園児にどのような評価の表情を返していくか、どのような個別配慮が必要か

……ある意味では、一人ひとりの園児と<Wi-Fi>でつながるような気持ちで、個々の園児に視線を向けつつ、同時にクラス全体を俯瞰していってください」
とお願いします。

　筆者が助言指導をした保育者さんの中には、
「あるときから、個々の園児とクラス全体を落ち着いて見られるようになってきました。以前は、ただただやみくもで、見ているようで何も見ていなかったという感じがします」
と実感を持って話す人もいます。

実行機能で動けるクラスの基礎的風景 ……………………

　こうした積み重ねの中で、
● 保育者がしかるべき位置に立ったときには、必ず保育者に視線を向け、手がかりを求めようする。
逆に、
● 保育者にアプローチされたときには、「何かに気がつかなきゃいけない」と考える。
といった園児が増えてくる変化を体感していくことが大切です。

　筆者の実感では、保育者が意図を持って移動したり、しかるべき立ち位置に立ったりしたときに、多くの園児が保育者に視線を向けるようになってくれば、実行機能で動けるクラスになるための、重要な基礎的風景ができたといえます。

　クラス内に限らず、遊戯室や園庭であっても同様に保育者の動静を意識し、仮に広い園庭で自由遊びをして過ごしていても、離れたところにいる保育者が園庭中央からクラスの下駄箱付近に移動する姿をとらえて、「アッ、そろそろお昼かな……」と園庭の時計を確認したりする園児も増えていきます。結果として、保育者が御用伺いのように、砂場や築山、遊具等で遊んでいる園児の下に出向いて「お昼だよ、お片付けだよ……」と声かけに回らなくとも移動できるクラスになっていきます。

> **ポイント** 園児との関係に自信がもてない保育者ほど、
> せわしなく個別対応に終始してしまう

　せっかく園児たちの実行機能が育ってきても、保育者は、どうしても、一人ひとりに関わりせわしなく動いてしまいがちです。頭で理解していても、実際の場面では「しかるべき立ち位置で、いたずらに動くことなく、真剣に一人ひとりの園児とクラス全体に視線を配る」という姿勢を貫くことは容易ではありません。

　ある保育園で、こうした姿勢に転換した保育者の取り組みにより、日を追うごとに保育者に視線を向ける園児が増えていたクラスがありました。

　ある日、保育者がしかるべき立ち位置で真剣にクラスに視線を届ける姿勢を貫いて、給食準備の直前までクラス活動がスムーズに展開されていました。しかし、発達の気になる園児が想定外のかんしゃくを起こしてしまった瞬間に、保育者は動揺してしまい、やみくもに動き回る、以前の姿に戻ってしまいました。そして、その動きに呼応するかのように、クラスも急激に以前の騒然としたクラスに戻ってしまいました。

　筆者は午後のカンファレンスで、
「扇風機は回っていると羽の存在が消えます。同じように、保育者も動き

回っていると園児からは消された存在になってしまうのです。当然、保育者に視線を届けなくなるものです」

とお伝えすると、保育者さんは「私のクラスが騒然となってしまったきっかけは、○○くんのかんしゃくでした。その瞬間から、私自身が動揺してしまい、動き回ってしまいました。人はおろおろするとやみくもな動きになってしまうのですね」と当日の活動を振り返ってくれました。

　園児との関係に自信がもてない保育者ほどせわしなく動き回り、やみくもな個別対応に終始してしまう傾向が強いというのが筆者の実感です。

> **ポイント**　"幹"となる一連の動きを育てるために、"枝葉"にとらわれず真に必要な指示に留める

育ち始めた園児の実行機能を大切にする ·············

　多くの園児が「アッ、次は○○だ」「アッ、先生が○○に移動した。ぼくも……」こうした意識をもつようになると、例えば保育者の「園庭で遊びましょう」という指示のみで、その都度の声かけや指示がなくとも、多くの園児が、

トイレ ⇒ 手洗い ⇒ 帽子をかぶる ⇒ 園庭側の下駄箱で靴を履き替え ⇒

園庭のいつもの場所に並ぶ

という一連の作業記憶を織り込んだ動きを身につけていきます。

　保育者は、この育ちつつある一連の流れを1つひとつの作業記憶に戻してしまうような、「トイレ」「手洗い」という1つひとつの行動のたびに指示することを控えるのはもちろん、一連の流れを途中で断ち切ってしまう対応（トイレのスリッパが乱雑なので揃えさせた、手洗い後のタオルのかける位置を間違えたのでかけ直させた等々、多くは行動を整えるための"枝葉"の注意）も、育ち始めた実行機能の"幹"を壊してしまうことになります。

　クラスにおいて幹となる大きな一連の流れが定着していけば、やや戸惑いのある子も、先行して動くお友だちの動きを手がかりに「アッ、そうだ」と後を追いながら行動するようになっていきます。

必要な指示に留めたら、見届け、振り返る

　例えば、「今日の園庭活動は裸足で行う」というときには、保育者は「園庭活動は、今日は靴を履かず、裸足でね」という真に必要な指示に留めることが大切です。その指示で、通常のルーチンの動きに加え、「今日は靴を履かない、今日は靴を履かない……」という作業記憶のみをとどめて園児が動けるか、保育者はしかるべき位置で、園児の動きをモニタリングし、見届けていきます。その際「先生、裸足だよね……」とその場で保育者に確認する園児が必ず何人かいるはずです。そして、作業記憶が飛んでしまった園児も、先行する他の園児の動きを見て「アッ、そうだった」と後を追うはずです。

　もし、確認行為もなく、多くの園児が思わず靴を履いてしまうとしたら、「私の伝え方の何が混乱を招いたのか」「まだ一連の流れがルーチンとして育っていないのは、私の立ち位置や園児に向ける視線・表情が園児にしっかり伝わっていないからなのか」等々、自らの取り組みを振り返りましょう。

　以上のような取り組みの延長線上に、やがて、園児の集団エントリーがスムーズになり、すぐに活動に参加したり、真剣で夢中に取り組むことが増えていきます。また、保育者が手を貸さなくとも自らやりきろうとする姿が見えてきます。

　このようなクラスでは、気になる子の、トラブルに発展しそうな意外な言動に他の園児がつられることなく、逆に、周りの園児の夢中で真剣な活動に対して気になる子が「ぼくも」と入っていきたくなります。

　こうしたクラスの風景ができれば、発達の気になる子の対応がうまくいくためのクラスづくりに関して、ほぼ取り組みの8割方はできあがったといっても過言ではありません。

4 気になる子が強みを活かせるための配慮

　実行機能で動けるクラスに育っていくと、発達の気になる子もいきいきとクラスで活動できるようになっていきます。

　筆者が助言・指導を積み重ね、クラスづくりを進めてきたある園では、保育者がクラスの刺激を整理しようと室内にパーティションや仕切りを設けていた取り組みを振り返り、

「お友だちの動きを遮断してしまうような仕切りは、かえって気になる子の集団参加へのモチベーションのブレーキになってしまうので、思い切ってパーティションや仕切りを取り外そうと思います」

と提案するようにもなってきました。

　パーティションや仕切りなどを取り外すことができるクラスは、もはや、発達の気になる子にとっても周りの園児にとっても、相互の言動がマイナスに働いたり、クラスに混乱をもたらしたりするという状況ではなくなったクラスです。

　発達の気になる子もそうでない子も、共に強みを活かし合える「インクルーシブ（包容・包摂）」なクラスづくりのための、基本的なベースができあがったといえます。このベースができれば、気になる子への個別対応も効果的になります。

第1章　園児の実行機能を育てる保育者の関わり方

29

> **ポイント** 集団の力を最大限活かしながら気になる子に配慮していくことが、加配保育者の本来業務である

　気になる子に関わる加配保育者は、単に対象児のみに関心を向けるのではなく、その子を取り巻く園児集団も視野に入れつつ、夢中で本気に活動する周りの園児たちの実行機能を最大限活かすことも重要です。それでも、発達の気になる子が自信を無くしたり、不本意なトラブルメーカーになってしまったり、あるいはかんしゃくを起こしてしまったりしないよう、特性に配慮した対応を模索し続けていくことが大切な業務です。

　こうした「全体と気になる子」「気になる子と全体」を捉えながら徐々に個別対応の頻度を減らし、やがて、加配保育者なしでも気になる子が自信をもって活動に参加していける橋渡しをしていくことが、加配保育者としての本来業務になります。

　例えば、

● リトミックやお遊戯をすぐに真似るのは苦手なので、遊戯室のコーナーで、安心グッズとして自動車のミニ図鑑を手にしながら「見学」。わかる動きが増えてきたら参加をしていく。

● ゲームに負け、かんしゃくを起こしそうな場面が想定されるときには、「負けてしまったら、○○コーナーで、旗をもって○○ちゃんを応援す

る」という振る舞いをあらかじめ約束しておく。
- 衝動的にお友だちに手が出そうになったときには、保育者とのアイコンタクトで「ハッと気づいて、手を握って、1、2、3と数える」という練習をしておく。
- 机で着座しての活動に飽きてしまったら、活動の妨げにならないように、専用のコーナーで、次の活動までブロック遊びで過ごす。

など、様々な作戦を立て、トライ＆エラーで有効な方法を探り出していくことが大切です。

　その際、気になる子の特性は一人ひとり異なります。一日の様々な場面で気になる子の特性を個々にアセスメントし、個々の対応を講じていくには、みなさんの園に巡回等で出向いている言語聴覚士(ST)、作業療法士(OT)や心理職のスタッフ、または気になる子の通院先のリハビリスタッフ等にぜひ相談してください。必ず、適切な示唆を与えてくれたり、対応のポイントや必要な準備、手だてを一緒に考えてくれたりするはずです。

　しかし、園生活において、気になる子にとって最も重要な環境は、実行機能で動くお友だち集団です。この環境さえあれば、気になる子にとって多少苦手を感じつつも、ある程度はやりきれる活動においては、個々の特性に基づく個別対応をし続けない方が、結果として気になる子の実行機能が育っていくという実感があります。

　むしろ、気になる子にとって本当に苦手な活動のとき、例えば、
- 運動会や発表会などの行事で、いつもと違うスケジュールで見通しが立たず不安な中、たくさんの活動を処理しなくてはいけないとき
- クラスに一人だけで、身支度や次の活動に向けお友だちの動きが手がかりにならないとき
- お友だちとのコミュニケーションが苦手で、バディなどを組む際、自ら声をかけることに戸惑ってしまうとき

などに、指導・助言をしてくれる専門スタッフとの協力で、ドンピシャリの配慮を講ずる方が、気になる子の保育者に対する信頼感が高まるものです。

　最終的には、苦手な場面やかんしゃくを起こしそうな場面での解決の仕方を気になる子自らが学び、集団の力と身につけた解決力によって支援者がいなくともしのげる段階まで取り組みを進め、結果として加配保育者の関わりがフェードアウト可能な状況まで目指してほしいと思います。

> **ポイント** 気になる子への適切な配慮で、周りの園児からの信頼感も高まる

　加配保育者がこうした見通しの中で気になる子に関わる取り組みを意図的に進めていくと、気になる子を取り巻く園児たちも変わっていきます。子どもなりの捉え方で、加配保育者の気になる子への対応について「特別扱い、わがまま、○○くんだけいいな」と誤解することなく、いわゆる「合理的配慮（障害のある人が生活する上で直面する障壁（バリア）を取り除き、障害のない人と同じように生活できる対応を「負担が重すぎない範囲」で講じていくという配慮）」に徹することのできる保育者として、より信頼をよせる園児集団になっていくというのが筆者の実感です。そのため、保育者側も「ぼくもミニ図鑑を持っていきたい」「ぼくもお部屋に専用のコーナーがほしい」と、他の園児も要求するのではないかと、過剰

に危惧することもなくなっていきます。

　仮に、他の園児で真にそうした配慮を求めて要求してくる子がいるのであれば、「○○くんも、様々な場面で苦手さや戸惑いなどの特性があるのかもしれない」とアセスメントしていく姿勢が大切です。

　そうすることで「ぼくも苦手なことがあるとき、こうやって先生は作戦を立ててくれて、ぼくが困らないように一緒に考えてくれるクラスなんだ」と、より保育者に信頼感をもって、クラスへの帰属意識を高めていく園児集団に育っていきます。

> **ポイント**　「ただ同じ場にいる」という保育から「同じ場でだれもが活躍できる」という保育を目指す

　同じ園にいても、気になる子がクラスから離れ、他の園児と一緒に過ごす場や活動が少なく、結果として加配保育者と過ごすことの多い保育では、単に「園という同じ場で過ごしている」というだけの保育です。仮に同じ空間を共有しているとしても、気になる子が自分の強みを活かすことなく、自己肯定感をもてずに、ただ単に、半ば強いられた状況で一緒にいるという保育も「インクルーシブ（包容・包摂）」保育とは言い難いでしょう。

　クラスに20名の園児がいれば、それぞれの園児は特性をもっています。適切な対応で配慮しないと適応障害を招いてしまう特性から、配慮がなくとも自ら処していける特性まで様々です。その様々な特性（多様性）をもった園児一人ひとりがそれぞれ安心感をもって同じ場を共有できる、真に「インクルーシブ」なクラスづくりにぜひ取り組んでいってほしいと思います。

　朝登園すると、多くの園児がクラスのホワイトボードに向かい、一日のスケジュールを確認し、

- 「○○ゲームはＡチーム、Ｂチームの三回戦だ。よっしゃ、がんばるぞ」と過去の対戦表と照らし合わせる。
- 「製作の時間はハロウィンのカボチャか……。この折り方むずかしそうだな、ちゃんと折れるかな」「アッ、ロッカーにクレヨンとのりはあるかな」と製作遊びに必要な道具を自らのロッカーに確認しにいく。
- スケジュール横の当番活動コーナーを見て、リーダー当番、グループ当番等の役割を確認する。

　もちろん、こうした見てわかる情報が提示されている以上は、保育者による繰り返しの指示や説明はなされないので、結果として園児は必ず情報を取りに、活動と活動の合間にホワイトボードに向かうようになります。

　発達の気になる子は、朝、ホワイトボードに向かい、加配保育者と「○○は苦手なので今日は安心グッズを手に見学」「○○くん専用のお手伝いは、調理室からの食缶運び」などと一日の見通しをたて、不安なところは作戦を練ります。つまり、適応障害を招かない配慮と、強みを活かす取り組みをしていきます。

　こうして、支度を終えた園児が、保育者の個別対応を待ったり、保育者にまとわりついたりすることなく、園庭に走っていくというクラス風景を演出していくことが可能になっていきます。

5 実行機能を育てるクラスづくりを通じて園児が学ぶ行動原則

実行機能を育てるクラスづくりで、園児は5つの手がかりにもとづいた行動原則を身につける

　これまで述べてきた、実行機能を育てるクラスづくりの取り組みを通じて、園児が学んだのは、

- 「このクラスは、先生がぼくたちに一つひとつ指示を出したり、世話を焼いたりして活動を進めるクラスではないんだ」
- 「クラスの環境(備品の配置・スケジュールや当番活動等が書かれたホワイトボード)をしっかりと理解すれば、ぼくたちが『アッ、そうか』と行動できるように、先生はクラスをセッティングしてくれているんだ」
- 「どうすればいいかわからないときには、お友だちの動きを見ればいいんだ」
- 「本当に困ったときは、先生を見れば、必ず先生はヒントを教えてくれるんだ」

など、家庭とは異なる園での行動原則です。

　つまり、まとめると、園児が自らいきいきと活動するための行動原則は、

① クラス環境

② 保育者の立ち位置・視線・表情・移動

③ 先行する園児の動き

の３つから行動に必要な情報の手がかりを得て、それでも困ったときは園児自ら保育者に、

④ 「どうすればいいの?」という視線・相談

を投げかけると、

⑤ 保育者からの必要な追加情報や手がかり

が示されるということです。

　こうしたクラスにおける5つの手がかりにもとづいた行動原則を身につけた園児は、登園から自由遊び、そして朝の会、主活動、その後の降園まで続く一日の活動に、実行機能を活かして取り組んでいくことができます。

> **ポイント**　園児が行動原則を身につけていくために、立ち位置・視線・表情・移動を通じて保育者が意図を伝える

「立ち位置」は最も重要な手がかり ………………………

　こうした行動原則が身につくためには、とりわけ保育者の「立ち位置」と「視線」に対する「先生は、あそこでいつもぼくたちを見てくれていて、ぼくたちが困ったときに、必ず気づいてくれるんだ」という園児の信頼感が大切です。

　園児たちは、登園から降園までの様々な場面で、周りの状況を手がかりに、モードチェンジして、活動場所から次の活動場所への移動も含め、求められる課題に切り替えていく力(シフティング)を必要とします。

　第２章でも詳しく触れますが、場面に応じた「切り替え」の重要性を意識しながら、保育者に求められる役割を捉えてほしいと思います。

　特に、保育者の立ち位置は、活動から活動の切り替わり、場所から場所の移動に際して、園児が実行機能を活かして動けるようになるための最も重要な手がかりです。

● 自由遊びの片付けをすませ、朝の会に向けてトイレ・手洗いを終えて再びクラスに戻る際の保育者の立ち位置

● 朝の会を終え、クラスから遊戯室等へ移動するときの保育者の立ち位置

● 遊戯室で集合するときの保育者の立ち位置

● 園庭に移動するときの軒下での保育者の立ち位置

● 園庭で集合するときの保育者の立ち位置

● 園庭から戻るときの軒下での保育者の立ち位置

● 給食当番が調理室へ向かうときのドア出口での保育者の立ち位置

● お昼寝前の絵本の読み聞かせのときの、保育者の着座位置

　様々な場面で、保育者が立ち位置からブレることなく園児の力を信じる姿勢を示すことが大切です。そして、園児が自ら動くことを日々定着させていっているか、モニタリングするという姿勢を園児に示していくことが、実行機能を育てる取り組みです。

　その際、無表情で、ただ黙って、立って見届ける程度のモニタリングではロボットと変わりません。大切なことは、モニタリングに保育者の意図を込めることです。

園児に意図を伝えるポイント ·····························

　立ち位置・視線・表情・移動は、保育者の意図を園児に届けるための重要なポイントです。

- 覚悟をもった立ち位置
- エネルギーを込めた視線
- 『OK！』『それはどうかな？』『なるほど！』という保育者の個性が活きた、その場にふさわしい表情
- 毅然とした移動

が大切で、保育者さんには、

- 「自分がなぜここに立っているのかという意味に確信をもって」
- 「動く消費カロリーを目力のカロリーにするくらいの気持ちで」
- 「保育者はロボットではないので、自らの個性が活かせる表情を」
- 「何となくの所在無さげな移動ではダメです」

とお願いします。

　とりわけ保育者の表情は園児に対する重要な指導力の武器であると意識してほしいと思います。この武器を単に、園児を喜ばせたい、楽しませたいという武器で終わらせないでほしい、安易にとっておきの保育者の表情を安売りしないでほしいと保育者さんにお願いしたりします。

　移動は子どもたちが整列し始めたタイミングが大切で、いたずらに「列を整えよう」「後発グループが入ってくるまで待とう」というタイムラグを作らず、多くの園児の「移動だ！」という阿吽の呼吸でスタートします。

　移動中、「園児たちがちゃんと後をついて歩いてきてくれるかな？」と不安げに後ろを振り向いてしまうような振る舞いは、園児の信頼を損ねてしまいます。

> **ポイント** 保育者の意図を理解した園児は、一連の活動の流れを自ら進めていけるようになる

こうした保育者の立ち位置・視線・表情・移動から、園児たちは保育者の意図を理解していきます。

そして、

- 片付け ⇒ トイレ ⇒ 手洗い ⇒ いすを持って着座 ⇒ 朝の会
- 園庭から戻る ⇒ 下駄箱 ⇒ トイレ ⇒ 手洗い・うがい ⇒ 各自のロッカーからランチョンマットとお弁当を出す ⇒ 着座 ⇒ 昼食

などの一連の流れについても、特に戸惑うことなく園児自ら進めていきます。

朝の段階から、ホワイトボードのスケジュールや当番活動の情報を取り込んでいる園児たちは、朝の会が終わるころには、

- 「次は、廊下側の出口に並んで遊戯室で○○ゲームだぞ」

遊戯室での活動が終わるころには、

- 「次は、クラスに戻って、○○の製作だぞ」

製作が終わるころには、

- 「園庭遊びまでの間、絵本を見ながら過ごすぞ」

園庭遊びが終わるころには、

● 「ぼくはお昼ごはんの当番だから、時計が長い針○○になったらクラスに戻って、エプロンを着てから廊下側の入り口に集合だぞ」

　このように、特にその都度の声かけや指示がなくとも「次は○○」「次は○○」と動いていける園児たちに育っていきます。

> ポイント **気になる子は行動原則＋個別配慮で行動を促していく**

　仮に、「次は○○」「次は○○」という作業記憶を維持することが苦手な子であっても、モデルとなる他の園児の動きが手がかりになります。実際の園活動では、かなり特性のある「気になる子」でも、

[①クラス環境、②保育者の立ち位置・視線・表情・移動、③先行する園児の動き＋加配保育者との作戦会議]

でほぼ戸惑うことなく行動することができ、若干の戸惑いは、加配保育者とのアイコンタクトで解決できます。

　もし、それでも戸惑いが出たり、各自の動きに任されて周りの園児の行動を手がかりにできないときには、○○くん専用のミニスケジュールボードや○○ちゃん専用の手順書を保育者が準備してあげたりと、個別の配慮で対応していくことができます。

そうした意味では、発達の気になる園児に対しての加配保育者の関わりは、前倒し的に手を出したり、声かけしたり、個別対応に終始することではなく、まずは多くの園児にとっての行動の手がかりである、

① クラス環境
② 保育者の立ち位置・視線・表情・移動
③ 先行する園児の動き

で活動できるように見守ります。

そして、それでも困ったときは、気になる子が自ら

④ 「どうすればいいの?」という視線・相談

を投げかけ、

⑤ 加配保育者によるその子の特性に合った個別対応

が行われるという順序性です。

次章以降では、登園してきた園児が、実行機能を活かして自ら「動ける」というモードに切り替え、「動ける」モードのままいきいきと活動していくために、具体的に一日の保育をどのように進めていけばよいのかについて、各活動ごとに解説していきたいと思います。

気になる子の強みが
クラス活動に活かされていく

自ら取り組みたくなる行動を、
「役に立つ行動」として組み立てていく

　実行機能を育てるクラスづくりの取り組みを通じ、園児が行動原則を学ぶ中で、むしろ、発達の気になる子の強みがクラス活動に活かされていく取り組みも見られるようになりました。保育園巡回の中で出会った事例を紹介します。

Aくんの場合

　園庭活動中、Aくんが休憩時に水筒で水分補給をした後、ふと目に入った排水溝のグレーチングのコーナーに水筒の円形がすっぽりとはまることに興味を持ち、そのコーナーに水筒を入れてしまいました。お昼になると、「Aくんの水筒が見当たらない」と何人かの保育者が探しました。

　午後のカンファレンスでそのエピソードが話題になったとき、「お願いしなくとも本人の特性として『自ら取り組みたくなる行動』を、『役に立つ行動』として組み立ててあげることが、気になる子の強みを活かすということです」という助言をしたところ、担当保育者は何かに気づいたような表情に変わりました。

　後日、保育者はAくんの強みを活かしたお手伝いを朝の会に取り入れていました。

　それまでのAくんは、朝の会になるとクラスにいられず廊下を行ったり来たりしていましたが、園庭で見られたような「○○と○○をマッチングさせたい」「○○に○○を投入したい」と着想することが得意というAくんのもつもともとの強

みを活かし、朝の会では「郵便屋さんお手伝い」とネーミングして、

① Ａくんが欠席した園児の報告カードをクラス入り口のポストに入れる
⇒ ②各クラスのポスト内の欠席カードを集めて給食室のポストに入れる
⇒ ③調理の先生からOKカードを受け取って園長室にカードを届ける ⇒
④園長先生からお手伝い終了のカードを受け取ってクラスに戻る

という当番活動に取り組むことになりました。

　それまで朝の会と同時にクラスから廊下に出てしまっていたＡくんは、保育者が欠席カードに名前を書き終えると同時に「待ってました」とばかりにカードを受け取りに行くＡくんに変わっていきました。

Bくんの場合

　運動会の練習で、玉入れ競争に上手く参加できなかったＢくんは、競技後の玉を集めたり、カゴに入った玉の数を数えたりするお手伝い係を担っていました。しかし、玉入れ競争を見学しているうちに、自らも参加したくなり、ウレタンブロックを手に玉入れ競争の中に入っていきました。その時の競技はＢくんにやや邪魔されたような形になりましたが、他の園児でそうした振る舞いに同調する園児はおらず、いつものような玉入れ競争が取り組まれていました。

　しかし、Bくんの発想が面白いと受け止めた保育者は、その発想をヒントに、後日、普通の玉入れ競争から「障害物玉入れ競争」に取り組みを変えました。そして、競技そのものも、「攻める」と「守る」が一体となったよりダイナミックな展開になっていきました。

Cくんの場合

　Cくんは、ドッジボールのゲーム中にボールが当たってアウトになると、かんしゃくをおこしがちでした。ある日、持ち込んだ段ボールをつい

立てにし、隠れてボールを避けました。

　その様子を見た保育者は、「逃げ込みコーナー」を設け、そこに逃げ込んだ場合はセーフというルールを提案しました。「当てる」と「逃げる」のほかに、「逃げ込む」という要素の加わったゲームに進化しました。当初は逃げ込んでいることの多かったCくんも、だんだんと「逃げ込みコーナー」に頼らない参加の仕方に変わっていきました。

気になる子の発想でより活動が面白くなる

　気になる子の意外な言動につられてしまう子の多い、落ち着かないクラスでは、こうした取り組みを試みることは困難で、興味深い発想であっても、かえってゲームにトラブルと混乱を生むだけになってしまいます。

　しかし、実行機能を活かして、活動に真剣に取り組むクラスでは、気になる子の意外な発想が、クラス活動の面白みやワクワク感をより高めてくれたりもします。

　ほかにも、Dくんは、ペットボトルに色水を入れて水をかけあう遊びを、空のペットボトルのキャップを少しゆるめて、ロケットのような遊び方に変えました。その後「キャップロケット」はプールでの的当てゲームになっていきました。

　Eくんの、球体の積み木を並べて、積み木がぶつかったときに反対側の積み木が飛び出すという遊びには、他の園児が「ヘェー」と集まって来て、「もっと並べたらどうだろう」とドミノ倒しのようにみんなで積み木を並べ始めました。お友だちの輪の中心となり、Eくんは誇らしげでした。

　自由遊びの中で、こうした理科の実験のような遊びを生み出すなど、気になる子が自らの強みを見せてくれたりします。

　園庭活動で、Fくんは、砂を網で細かくふるいにかける遊びに夢中になっていました。あたかも、真剣な研究者のような様子でした。当初、砂場で一緒に遊んでいたお友だちは、単に砂をふるいにかける遊びに飽きてしまい、その場を離れていき、Fくん一人の遊びになっていました。近くでは、何人かのお友だちが、イチョウの落ち葉や枝を集めて、食事作りのごっこ遊びをしていました。

　午後のカンファレンスで、保育者さんから「どうしても、園庭で遊んでいるとFくんは一人遊びになりがちで、お友だちの遊びにどうやったら誘っていけるでしょうか……」と相談されました。

　筆者は、「上手くいくかわかりませんが、もし、あのときFくんに『お料理を作っているから、Fくんの作っている、ふるいにかけた塩と胡椒とふりかけをちょうだい』とお願いしたら、Fくんは、『まかせて！』と、ごっこ遊びの1つの役割を担ってくれたかもしれません」とお話ししました。

　筆者はFくんのような遊びを目にすると、「ひょっとしたら、こうした強みがFくんの将来の仕事につながるのではないかな」と思ったりもします。

　通常、仕事は、まずは会社に就職して、社員として組織の中で仕事をします。これをメンバーシップ型の仕事といいます。それに対して、得意な分野に特化して専門的に仕事に関わる就労形態をジョブ型と呼びます。園での遊びになぞらえれば、お友だちのごっこ遊びはメンバーシップ的遊びで、Fくんの遊びはジョブ的です。

　カンファレンスの際、そのようなお話をすると、保育者さんは「なるほど、と思いました。気になる子の一人遊びをどうやってお友だちの遊びと関係づけていったらいいか、とてもよいヒントになりました」と話してくれました。

　気になる子の意外な発想や遊びをクラス活動に活かせていけたら、それも園活動での1つの醍醐味になります。

第 **2** 章

一日の進め方①
―「動ける」モードへの
切り替えを促す ―

家庭から園に近づくにつれ、園児は徐々に気持ちを切り替えていくものです。家族から離れ、園舎の玄関やクラスに入った瞬間から、「動ける」モードへの切り替えができる対応が必要です。保育者がその都度指示をしなくとも園児が自ら「動ける」ためには、保育者の対応とともにクラスの環境も重要です。日頃のクラス環境を振り返りつつ、読み進めていってください。

🍀「いつもの」クラス環境にする

登園直後は、連絡帳を提出したり、持ち物を指定の場所に収納したり、様々なルーチンの動きがあります。

連絡帳の提出場所、水筒の収納場所、手拭きタオルや上着等をかける場所、各自のロッカー等、それぞれの配置場所やセッティング状況を確認し、「いつもの場所にいつものように」というルーチンを裏切らないようにします。園児が登園してきたときに、前日と変わりなく、戸惑うことなく連絡帳を提出したり、収納できるようにしましょう。

🍀 園児自らの動きを見守る

ルーチンを定着させていくために、「これだけの準備をしておけば、園児の半数以上は自ら気づいて取り組むはず」とシミュレーションし、このシミュレーション通り園児が動いてくれるか、しかるべき立ち位置でモニタリングします。登園してきた園児に、「自ら提出する」「自ら収納する」という動きが日々育っていっているか、一人ひとりの園児の動きにしっかりと視線を送り、園児からのアイコンタクト等に即座に対応できる立ち位置で見守っていきます。

🍀 気になる子の動きも見届ける

　気づきの苦手な子がいても、保育者側ですぐに対応してしまうのはグッとこらえ、動きを真剣に注視していく姿勢を貫きましょう。多少のタイムラグが生じても、周りの園児の動きを見て「アッ、こうやるんだ」と追従するはずと信じ、可能な限り保育者が園児に近づいて手伝ったり、指示したりせずに園児の行動を見届けていきます。それでも気づかない園児には、ジェスチャー等で気づかせる工夫をします。

「動ける」モードへ！

　「おかあさんから離れて、また『気づく、気づく』の一日が始まったぞ！」という園児の意識の切り替えを目指します。

ここに注意！

　登園の受け入れ後、「おはよう！」というあいさつと同時に、半ば反射的に「○○ちゃん、ここにカバンをかけて」「○○くん、連絡帳を出して」とすぐに指示してしまわないように、園児の登園前に再度、自らに自覚を促しましょう。

実践のコツ

　登園直後の園児には、家族から離れて少し不安な気持ちもあります。「先生はいつもあそこに立って、ぼくたちの動きを見てくれている」「困ったときは、先生を見れば必ず手がかりやヒントを示してくれる」という安心感と保育者への信頼感を園児がもてるような関わり方が大切です。

園児が自ら知りたくなる情報を示す

「今日はどんなことが待っているんだろう」と園児が自ら一日の活動の
情報を知りたくなるように、当日のスケジュール等を書き込んだホワイト
ボードを準備します。

年度当初からたくさんの情報をホワイトボードに示すと、園児が処理し
きれなくなったり、面倒になって見に行かなくなったりしてしまいます。
初めは園児がホワイトボードに行きたくなる情報(お昼のメインメニュー、
主活動後のわくわくタイムの遊びなど)を示したり、ホワイトボードの脇
に「今日の読み聞かせ絵本」をあらかじめセッティングしておいたりし
て、園児がボードに興味をもてるようにしましょう。

🍀 情報を追加していく

　取り組みを進めていくと、「何が書いてあった？」とたずねたときに「先生、今日は〇〇だよ」と報告に来るような園児が1人、2人と増えていくようになります。

　このように「自ら情報をとりにいく」という習慣が育ってきたら、徐々に、園児にとって活動が楽しみになるような細かい情報も加えていきます。

　例えば、「今日の主活動は〇〇ゲームの〇回戦」「今日の製作は〇〇の折り紙、折り方の手順は……」という内容を示してみましょう。

🍀 時間を示す

　年齢が上がるにつれて、活動内容の隣に時計の文字盤（ゲームは10：00〜10：20、製作遊びは10：30〜10：50など）を示してみましょう。

- 「ゲームは長い針12から4までか、よっしゃ、今日は勝つぞ」
- 「折り紙は長い針6から10までか、この折り方むずかしそうだな、時間内に作れるかな」
- 「アッ、ぼくのロッカーにハサミあったっけ。始まる前にロッカーに確認しに行かなきゃ」

などと、園児が活動に向けて心づもりできる力を育てていきます。

　こうした取り組みは、「〇〇までに〇〇するためには、今のうちに〇〇をしておかなきゃ」という、実行機能の中で重要な計画性（プランニング）の力を育てることにもつながります。

🌸 情報を修正していく

　活動が予定よりも早めに切りあがったり、天候等により一日の予定に変更が生じることもあります。その際はためらうことなく、赤マジック等で、ボードの活動内容や時間を早めに修正していきます。

　自分たちの活動の進捗状況と一日のスケジュールに修正や変更はないか、園児自身でホワイトボードを確認し直すようになり、必要に応じて柔軟に活動を切り替えていける力（シフティング）も育っていきます。

🌸 繰り返し説明しない

　年度当初は、ホワイトボードに関心を向けさせる意図で、一日のスケジュールを指さしのみで解説する取り組みはよしとしても、朝の会で再度ホワイトボードの内容を園児に詳しく説明するような対応は控えていきます。説明を繰り返してしまう保育者は、園児に丁寧に理解させたいというよりも、重ねて説明しないと保育者自身が不安であるという傾向にあります。

　理解がゆっくりだったり、気づきの苦手な園児であっても、周りの動きをみて「アッ」と気づくようになったり、園児相互の関係が育っていく中で、お友だちが「○○くん、○○だよ」と教えてくれるはずだと信じて、園児に情報を提示した以上は言葉で繰り返しの指示を重ねないという姿勢を大切にします。

「動ける」モードへ！

　気づきの早い園児から1人、2人とホワイトボードに向かい、ホワイトボードを見ながら園児同士で「今日はドッジボール3回戦だ」「○○チームには負けないぞ」などとやりとりが生まれ、発達の気になる園児も「みんな、何をやってるのかな？」とホワイトボードをのぞきにいくようなクラス風景を目指します。

ここに注意！

- 「見に行かなくても先生が先回りして教えてくれるからいいや」
- 「見に行っても毎日同じことしか書いてないな」

　このように、日を追うごとに園児がホワイトボードに関心をもたなくなり、見に行かなくなってしまったとしたら要注意です。

　そのような傾向が出てくるのは、ホワイトボードに書いてある内容なのに保育者が指示をしてしまっているか、情報そのものの新鮮味が薄れているからです。

　保育者はホワイトボードに向かう園児のテンションを気にしつつ、取り組みが適切かどうか確認しましょう。

実践のコツ

　「一日を不安なく、自信をもって過ごすために、必要な情報を求めてホワイトボードに向かうはずだ」と、自ら情報を得ようとする園児の力を信じる姿勢が大切です。

❀ 当番活動で園児のやる気を引き出す

　ホワイトボードには、スケジュールに加えて当番活動を示します。当番活動は、保育者と園児が協働でクラスを運営し、徐々に園児が主体的にクラス運営を進めるために重要な取り組みです。

　「お友だちのためにがんばれる、活躍できる」という当番活動は、園児の園生活をより意欲的にしてくれます。保育者の補助的位置づけでなく、保育者が本気で「任せるからね」という期待をもってミッションを与えていけば、多くの園児はやる気になってがんばってくれます。登園したら自らホワイトボードに向かい「今日はぼくは○○当番だ、よっしゃがんばろう!」と朝から心づもりしていく習慣が育っていきます。

❀ 当番の種類を増やしていく

　学年が上がるにつれて、先生がいなくても当番が他の園児をリードしながら活動を進めていけるよう、当番活動の種類とメンバーを増やしていきます。

■ リーダー当番

　一日の司令塔となる役割。朝のあいさつや欠席者の確認、「あと○○分で長い針○○になります」という時間の管理、給食のあいさつ、食事後の歯みがきを全体の前でモデルとなって進める。また、園全体のリーダーとして、園庭での全クラスの体操や遊びの際に、全体の前に立ってモデルとなる。

■ ヘルパー当番

　一日の活動がスムーズに展開するように、準備等の環境づくりをする役割。朝のうちに、その日の活動に必要なサーキットを遊戯室に配置する。グループのテーブルをセッティングする。給食時のテーブル拭き、食缶の運搬、配膳をする。

■ グループリーダー当番

　グループメンバーの、活動に必要な備品をまとめて取りに行き、各自に配る、集める等、同じグループのメンバーの動向に気を配る役割。

リーダーとうばん

おはよう
ございます！

ヘルパーとうばん

グループリーダーとうばん

🍀 未満児から意識づける

　当番活動を園児自らやる気になって進められるようになるために、未満児クラスの頃から意識を育てる取り組みをしましょう。

　配布物なども「手はおひざで、保育者が配布するのを座って待つ」というスタイルではなく、自分で取りに行くという意識づけを未満児の頃から定着させていくことが大切です。そのためにも、保育者が「してあげたい」「楽しませたい」という姿勢を早く卒業していくことが重要です。

🍀 気になる子にこそ当番活動を活かす

　発達の気になる子には、加配保育者が、一日のスケジュールや当番活動を確認しながら、

● 「この活動は苦手だから○○グッズを手にしながら見学する？」

● 「見学しながらわかるところだけ参加する？」

というように、不安なところの作戦会議をして、就学を控えた年長までには、園児自身が「○○できるか心配だな。先生どうしたらいい？」という

ように保育者に相談できるようにしていってほしいと思います。こうした「相談する力」は、就学後必ず活きてきます。

　また、周りの意図を理解して動く、保育者の「○○してほしい」という期待に応えて動くということが苦手な子には、専用の当番をルーチンとして準備します。マイルールのみで動かない、先生やお友だちの期待に応えてミッションを果たさなくてはいけないという意識を育てていきます。

　他の園児が取り組む、例えば、週１回順番が回ってくるヘルパー当番とグループリーダー当番、10日に１回のリーダー当番のほかに、発達の気になる子には、持ち物の収納や昼食の食器運びなど、毎日必ず取り組む「○○くん専用の○○当番」という上乗せ当番を設定することで、他者モニタリングと自己モニタリングの力をつけていくという意識的な取り組みを加えてほしいと思います。

　こうした取り組みを続けていくと、保育者に「まとわりついてみたい」「試し行動で先生の反応を引き出してみたい」という意識の強い園児が、保育者をみたら「何かに気づかなきゃ」という意識になったり、衝動性が出たときにハッと保育者の表情を見て、「アッ、いけない」と行動を踏みとどまり、適切な行動に切り替えていくというように意識を変えていきます。

　そうした意味では、気になる子にこそ、当番活動がより重要となります。

いつもの
すいとうとうばん！

「動ける」モードへ！

当番活動をがんばる中で、「先生にしてもらうのを待つ」という受け身的な姿勢から、「自分で気づいて動く」という能動的な姿勢になっていき、さらには、「もっとこうしたい」と提案できる園児に変わっていきます。

ここに注意！

園児に対して、先回りするように「○○当番さん、○○ですよ、前に出てきて」と指示したり、世話を焼いたりしてしまわないようにしましょう。園児の方から確認に来たり指示を求めに来たりする力が日々育ち、だんだんと当番自らがスタンバイして活動に取り組んでいく動きが強化されていくことを信じます。

どうしても指示なしでは気づいてくれないときも、直接の指示ではなく、「○○くん」と呼んで振り向かせてジェスチャーで伝えるなど、まずは「気づかせる」という対応を大切にします。

実践のコツ

当番活動は、保育者がその場でお願いしてやってもらうという一過性のものではなく、「今日は○○当番で○○をしなくちゃ！」と園児があらかじめ心づもりをして取り組むプロセスだという意識で行うことが大切です。

時間をかけた個別対応をしない

❀ 一対一での丁寧な関わりは控える

　年度当初は、園生活になかなかなじめなかったり、理解のゆっくりな園児にはどうしても個別対応の必要な場面が出てきます。その際にも、主として加配保育者は、周りの園児が「いいな、○○くんは先生にやってもらえる。スキンシップもしてもらえる……」という思いを強めないよう、淡々とした個別対応に留めます。

　特に着替えでは、気になる園児に対して、「ここで丁寧にしつけを」と思うあまり、保育者が一対一で向かい合い、時間をかけて対応する場面がよくみられます。こうした保育者との二人の世界をつくってしまうような対応は、実行機能で自ら「動ける」モードに変わっていこうとする「園児」を家庭にいるときのような「幼児」に戻してしまうことが多く、日々保育者への依存心を高めることになってしまいます。

　「さあ、お着替えしましょ」と両ひざをついて対応するなどの、あたかも家庭での関わりが再現されるような姿勢は極力控えましょう。

日々目標を立ててモニタリングする

- 「今日は〇人の園児に〇回個別対応をしてしまったが、明日は〇回に減らそう。そのかわり〇〇くんがこちらにアイコンタクトを求めてくる機会を増やすぞ」

- 「今日は〇人の園児が〇回甘えて関わりを求めてきたけど、明日は〇回に減らすぞ」

　このように、全体の動きと園児一人ひとりの動きをモニタリングしながら、園児を「動ける」モードにしていくことを日々意識していきます。

あしたは
〇回にへらすぞ！

🌸 苦手さに応じて配慮する

　周りの刺激に気をとられて身じたくに集中できなかったり、服の前後を取り違えたり、小さなボタンをいくつもはめることに時間を有したりするなど、園児の特性によっては個別の配慮が必要です。

　例えば、周りの刺激に気をとられないよう、コーナーに着替え場所を設定したり、服に前後の分かるマークをつけたり、お母さんと相談して小さな５個のボタンを大きめの３個のボタンにしたりするなど、その特性に配慮した対応を講じることができます。

　それでも、「ぼくも早くお友だちが遊んでいるところに加わりたい！」「みんな園庭に行っちゃったな、ぼくも遅れたくない！」といった園児の気持ちを大切にする必要があります。園児が早く遊びに行きたいのに着替えに手まどってしまうときには、「いつもやってもらえる」という依存心を育てないように配慮しつつ、必要なところはサクサクと手伝ってあげます。せっかくの園児の集団へのエントリー意識を犠牲にしてまで、着替えに時間を割くのは、実行機能を育てる上で得策ではありません。

「動ける」モードへ！

「みんな遊びに行っちゃう、ぼくも早く着替えなきゃ」と、集団へのエントリー意識によって自ら着替えられるようになることを目指します。

ここに注意！

無用に近づいて、まとわりつきやおんぶ、抱っこなどの関わりを無意識にしていないか、「先生は必ずぼくのために手伝ってくれるから、自分でできるけど先生にやってもらおう」という意識を子どもがもってしまうような関わりになっていないか、自らの振る舞いの点検が必要です。とりわけ、個別対応の場面が多くなりがちな加配保育者は気をつけましょう。

てつだって！

実践のコツ

年度当初は、園児の不安感や戸惑いに応えるために若干のまとわりつきや個別対応が必要な場面があるとしても、日を追うごとにこうした場面を減らすことが、園児の実行機能を育てるクラスづくりでは必須です。

自由遊び ① 遊びのコーナーを分ける

遊びの種類によってコーナーを分ける

　筆者が巡回指導で保育園に出向く時間はおおむね朝9時頃ですが、通常この時間帯は、すでに登園した園児が自由遊びをして過ごしています。

　保育室内で過ごす際には、室内の遊びが入り乱れないよう、いくつかのコーナーに分けます。その際、第1章でも触れたように、パーティション等で仕切りを設けすぎてしまうことは極力控えます。

- イメージを共有化して過ごす「関係性の遊び」のコーナー（ままごと遊び、ごっこ遊びなど）
- 一緒にいても比較的相互の関わりの少ない「平行遊び」のコーナー（ブロックの組み立てなどの操作性の遊び）
- 「関係性の遊び」や「平行遊び」がやや苦手でも、孤立感を感じたり手持ち無沙汰にならずに過ごせるための、絵本コーナーやグッズコーナー

気になる子には専用のコーナーを設ける

　遊びの種類によるコーナー分けのほかに、必ず気になる子の個別活動のコーナーを設けましょう。他の園児が思い思いに遊んでいる室内風景に混乱せずに、安心して自由遊びに適応していける場所と活動を保障します。

　日替わりで場所や内容を変えたりせずに、登園前に決まった場所と活動を準備しておきます。例えば、「登園したらいつもの机といすで○○」というように、かたわらに加配保育者が座ってくれる環境で粘土や塗り絵などの遊びができるように用意しましょう。

　やがて、クラスで過ごすことに苦手さが無くなり、安心感が出てくれば、ブロックの組み立てなどの操作性の遊びで、お友だちと平行遊び的に過ごせるようになってきます。さらには、お友だちとイメージを共有化したり役割交換をしたりする力が要求され、気になる子が苦手さを感じやすい「ままごと遊び」や「ごっこ遊び」などにも、もっぱら「おかあさん役」をする等、固定した役割でチャレンジしていけるようになります。

おかあさんやく！

「動ける」モードへ！

　それぞれの家庭から登園してくる園児が、自由遊びを通じて気持ちを整え、保育者が園児に「近づく」という動きから、「絵本を取りに行って戻る」「おもちゃを取りに行って戻る」などの園児が「行って戻る」という動きに変わっていくことを目指します。

ここに注意！

　例えば、絵本を読むときはフロアや廊下でなんとなく寝転がって読むのではなく「読書コーナーでいすに座って読む」など、活動の中身・場所・形を大切にしてほしいと思います。
　こうした積み重ねで、「○○遊びは○○の場所で」という目的意識をもった遊びになっていきます。

実践のコツ

　ゆくゆくは、あえてコーナーを分けなくても、園児が自然にスペースをゆずり合い、トラブルなく遊びを展開できる力を育てていくという意識で取り組むことが大切です。

遊びの様子に目を配る

保育者が個々の自由遊びにかかりきりで、結果として全体を無法地帯にしてしまわないよう、少なくとも一人（主として、クラス担任としてクラス全体の活動をリードする主活動保育者）はクラス全体に目を配り、

- 「○○のおもちゃはみんな飽きてきたな。○○のおもちゃに変えてみよう」
- 「○○コーナーは必要のなくなったおもちゃやグッズが無造作に放置されているな。片付けておこう」
- 「○○くんは少し衝動性が出てきたな。トラブルになる前に○○の遊びに誘ってみよう」

というように、気づいた点に対応していきましょう。

遊びからの切り替えに目を配る

園児にとって朝の自由遊びを楽しく過ごせることは重要ですが、それ以上に、活動の切り替えを意識し、次の活動を気にしながら過ごせることが、その後の一日のスケジュールをこなしていくために大切です。

主活動とは異なり、園児がそれぞれに過ごす朝の自由遊びでは、自由に過ごしながらも次の活動（朝の会や主活動）への意識をもつという実行機能の力が必要です。

そこで、活動のモニタリング以上に重要なのは、個々の園児が集団での活動に切り替えるために必要な実行機能を意図的に育てるために、次の活動へと移行するときの園児の意識の変化をモニタリングすることです。

- 「そろそろ片付けの時間が近づいてきた。時計をチラチラ見たり、私の意図を確認するために、こちらの動きを探る園児が増えてきているかな」
- 「リーダー当番は、『アッ、全体に指示を出すタイミングだ』と、こちらが言わなくても気づいてくれるかな」

このように、しかるべき立ち位置で全体に目を配り、園児が次の活動に切り替えていく様子を捉えます。

「動ける」モードへ！

園児が自由遊びをしながらも、「そろそろお片付けだぞ！」と保育者の動きや、時計、お友だちの動きを見ながら心づもりしているという風景を目指します。

ここに注意！

クラス環境に目を配る際は、特に、周りの園児の動きや、時計、ホワイトボードのスケジュール、保育者の立ち位置等への意識をブロックしてしまう環境になっていないか気をつけましょう。例えば、コーナーをパーティションで仕切ったり、隠れ家的な場所をクラスにセットしたりしてしまうことは、園児の実行機能を育てる上で障害となります。

クラス崩壊的な状態で、どうしても発達の気になる子への刺激を整理したいという場合はやむを得ませんが、いつまでもこうした環境を継続していくと、実行機能が育ちにくくなってしまいます。

実践のコツ

飽きてしまったおもちゃが放置された結果おふざけの道具になってしまうなど、刺激反応で動くクラスになってしまわないように、遊び全体をメンテナンスしていきます。

🌼 園庭にいるお友だちに意識を向けさせる

登園後、園庭での自由遊びからクラスでの朝の会につなげる際は、「室内から園庭へ向かう動き」「園庭から室内に戻る動き」を大切にします。

室内で遊ぶ場合は、すでに登園して遊び始めている他の園児の動きを見て同じように遊び始めることができますが、園庭で遊ぶ場合は、他の園児の動きという手がかりがありません。登園後、一人ひとりが個々の作業記憶にもとづいて身支度を整え、園庭に向かうという動きになります。

園児が「身支度のための身支度」でなく「遊ぶための身支度」と捉え、遊び始めているお友だちに意識を向け、「身支度したら園庭だぞ」と自ら行動できるように、保育者は園庭側の風景をさえぎって「向かい合って身支度する」というマンツーマン関係に終始しないよう配慮します。

🌼 集団での活動で室内への流れをつくる

朝の園庭遊びは、園児にとっては、一日の始まりとしての気持ちの切り替えやアイドリング的意味合いが強いので、園児一人ひとりの思い思いの遊びになりがちです。時間を追うごとに、刺激に気をとられるようになり、実行機能がフェードアウトしてしまい、終わりの時間になっても室内へ戻ってこないということがないようにします。

まだ「動ける」モードに入れていない朝の段階では、園庭遊びの終わりに園全体やクラス全体で一斉に集まったり、動いたりするという取り組みをすることで、園庭遊びから室内に戻る流れをつくっていきましょう。

例えば、<園庭の中央やトラックのラインに並んで、ミッキーマウスマーチの音楽に合わせて踊る⇒年長から順番にトラック２周のかけっこ⇒ゴールで保育者が待っていて、クラスごとに集合>など、一斉に取り組む動きは、園児が園庭から室内に戻るためのわかりやすい手がかりとなります。

このように園全体で流れをつくり、年長から未満児までの全ての園児による集団の力で、「動ける」モードに切り替えていきます。

「動ける」モードへ！

「音楽が流れ始めたら集合だ」と、園児たちが集合場所に一斉に駆けていく動きで、「次の動きに切り替わった」という意識が園全体に生まれます。

しゅうごうだ！

ここに注意！

日を追うごとに、「そろそろいつものミッキーマウスマーチになるぞ」というように園児一人ひとりが自ら切り替えていけると信じ、音楽と同時に「はい、集まって」と指示したり、クラスごとの集合の際の「○○組さん集合」という声かけは控えていきます。

実践のコツ

いつもの音楽が流れたら、「『気づく、気づく』の一日が始まったぞ」と園児が心づもりできるよう、保育者も「さあ始まった」というギアチェンジの意識で、「動ける」モードづくりへ切り替えていくことが大切です。

個別対応を日々減らしつつ、
「気づく、気づく」の園児を増やしていく

　それぞれの家庭の生活スタイルや送迎等の事情によって、登園時間はまちまちです。そのため、お友だちの動きを見て、「アッ、そうだ！」と気づいて提出物を出したり、着替えや身支度をすることの難しい時間帯です。また、家族にしがみついて泣いてしまう園児もいて、家族もすぐには去りがたく、園児の動向をしばらく園で見守る場合もあります。

　そのため、保育者はどうしても、登園してくる園児一人ひとりへの個別対応が頻繁になってしまったり、おんぶや抱っこ、気持ちの不安定な園児をなだめる……こうした対応をせざるを得なくなります。

　「環境を整えて、しっかり園児に視線を配り、園児の『気づく、気づく』の意識を育てなきゃ」と意図していても、とりわけ年度当初は、気持ちの安定も含めた個別対応が多くなります。

　大切なことは、「今日は、○人に個別の声かけや対応をしたが、明日は○人に減らすぞ」「今日は、○○くんをなだめるのに○分かかったが、明日は○分に減らすぞ」という思いで、トレンドとして、個別の関わりが減る中で「気づく、気づく」というように「動ける」モードに切り替えていける園児を増やしていくという意識をもって、第2章に書かれた取り組みを継続することです。

　登園してきた園児がおもちゃや遊具で過ごす中で、保育者との個別の関係から、保育者（特に主活動保育者）が一定の場所で、全体と個々の園児に目を配るという関係にしていきます。片付けの時間になっても保育者が個別対応を繰り返している状況では、第3章の「片付け」から始まる、集団としての「動ける」モードへの切り替えは難しくなってしまいます。

第 3 章

一日の進め方②
—「動ける」モードのまま活動を展開する —

「自由遊び」から「片付け」への流れは、個々の活動から集団活動への切り替えとして非常に重要です。主活動に入る前の「片付け」「トイレ・手洗い」「朝の会」が、保育者の指示や声かけ、個別対応がなくともスムーズに展開されることが、一日の活動を左右するともいえます。保育者が最もエネルギーを注ぐ時間帯であると受け止め、読み進めていってください。

片付け ① 園児が自らやりきれるように促す

その場しのぎのお願いをしない

朝の自由遊び後の片付けは、園児集団として、その日の最初の重要な取り組みです。

片付けから実行機能を育てるクラスづくりは開始されています。単に、朝の会に向けた片付けに過ぎないと思わずに、保育者の指示がなければ片付けに取り組めない園児は、これから一日夢中で本気の活動などできない、と受け止めましょう。「たかが片付け、されど片付け」という思いで、年度当初から真剣な取り組みをしてほしいと思います。

保育者が片付けの中心となって、頻繁に動き回りながら「○○くん、○○を○○へ持っていって」「○○くんと○○ちゃん、一緒に○○を運んで」と声かけしながら手伝いをお願いするようなその場しのぎの片付けでは、実行機能は育っていきません。

保育者のお願いに応えてくれた園児に対し、仮にその場で「ありがとう」「えらいね」とほめても、頼まれたから単に応えただけの一過性の取り組みに終わり、翌日も同じようにお願いしないと片付けてくれない日々が続くというのが筆者の実感です。

心づもりができる意識に変えていく

園児が「頼まれたから片付ける」というその場限りの意識で片付けるのではなく、「そろそろこの遊びも終わりにして、朝の会に向けて片付けをしていかなきゃ。先生もそれをぼくたちに期待しているはずだ」と、前もって心づもりをしていくという意識のプロセスを大事にします。こうしたプロセスは、保育者の意図的な取り組みで育てていくものです。

まだ園生活に慣れない年度当初は、ある程度指示をし、保育者と一緒に片付けるというスタイルでもよいですが、登園後の園児の動きが「行って戻る、行って戻る」の動きとして定着し、保育者の立ち位置や視線に目を向ける園児が増えてきた頃を見計って、取り組みを開始します。

園児自ら片付けられる取り組みに変えていく

　例えば、9時半から片付けるとすれば、取り組み開始の月曜日は、9時半の5分くらい前に、保育者が部屋のしかるべき場所にごみ箱や収納ケース等を配置します。そして、9時半の片付けの合図によって園児がどのような行動をするか、目を皿のようにして見守ります。このとき、保育者の意図を、迷いのないはっきりとした移動・決まった立ち位置・真剣な視線に込める必要があります。

　多くの園児は配置されたごみ箱や保育者の立ち位置や視線に気づかないで遊びつづけているかもしれません。

　しかし、必ず何人かの園児は、「あれ？いつもと違う……」と感じ、ハッと気づいて保育者の立ち位置や視線を意識しながら、ごみをごみ箱に捨てたり、「これはどこにしまうの？」とアイコンタクトで保育者からの指示を求め、自ら「片付け」という取り組みをこなしてくれるはずです。

気づいた園児には表情で応える

　保育者は、自ら片付けはじめる園児に丁寧に視線を送り、うなずきや、OKサインの表情を届け、アイコンタクトにはジェスチャー等で応え、片付け場所を気づかせてあげます。

　取り組み開始の月曜日の成果としては十分です。片付けきれないものは、保育者がサクサクと片付けを済ませても構いません。

　こうした取り組みを火、水……と続けていきます。

　木曜日ごろになると、何人かの園児は遊びながらも、時計をチラチラと気にするようになり、9時20分くらいになると、

- 「先生、そろそろごみ箱と収納ケースを○○の場所に置くぞ。アッ、先生動いた」
- 「アッ、いつもの場所に立ったぞ」
- 「片付けの合図が出るぞ」

というように心づもりをして、保育者の立ち位置と視線を少し意識しながら、遊びの切り上げモードと共に片付けに入っていけるようになります。

「動ける」モードへ！

　取り組みを1、2週間継続していく中で、9時半に近づいてきたら保育者の動きや意図を察して遊びを切り上げ、片付けの準備に動き出す園児が日々増えていくという変化を目指します。

ここに注意！

　保育者の意図に気づかない子に、指示をしたり世話を焼いたりして片付けをお願いしても、その場限りで終わってしまい、「気づく、気づく」の意識が育っていきません。

実践のコツ

　保育者が指示を出したり世話を焼いたりしなくとも、園児には、前もって心づもりをして自ら片付けに取り組んでいく力があると、子どもの本来もっている実行機能の力を信じてほしいと思います。

片付け ② 気になる子も取り組める ように工夫する

🌸 無理して片付けさせない

　ほとんどの園児が自ら片付けに取り組んでいけるようになる一方で、それでも遊びをなかなかやめられず、片付けをせずに戦隊ごっこに興じる園児もいます。こうした園児に対して、その場で注意したり、片付けをお願いしたり、遊びをやや強引に切り上げさせようとしたりしても、取り組みの積み上げにはなりません。

　何か切り替えの苦手さや、こだわり、刺激に引っ張られてしまう特性があるのだと理解し、

- 「どうやって、無理矢理でなく○○くんの遊びを切り上げることができるかな」
- 「片付けをお願いしなくても、○○と○○をマッチングさせてみたい、○○に○○を入れてみたい等に興味のある○○くんの特性を活かし、自ら片付けたくなるような工夫はできないかな」

と少し楽しみながら作戦を立てていくくらいの気持ちで、「こちらが頼んでまで片付けてもらう必要はない」と思うほうが、保育者の精神衛生にとってもいいことです。

🌸 周りの園児の動きを活かす

　園児にとって、片付けという活動そのものはそれほど理解のむずかしい活動ではありません。片付けもゲームやごっこ遊びのように夢中になれる活動にしていって、園児が本気で取り組めるようになれば、発達の気になる子も、特性に配慮した特別な取り組み(例えば、「片付け」を理解させるための視覚支援の絵カードの提示等)をしなくとも、周りの園児の影響を受けて真剣に取り組んでいくものです。

「動ける」モードへ！

片付けをメリハリのない間延びした時間にせず、一気に切り替えて片付けを始めるクラスの動きに、気になる子も引き込まれていくという風景を目指します。

ここに注意！

気になる子に対して、「遊んでいるおもちゃを片付けることで、かんしゃくを起こしてしまうのでは……」という危惧から、保育者が恐る恐る腫れ物に触るような関わりをすると、かえってこだわりや拒否感を強めてしまいます。「お片付けの時間に片付けるのは当然！」という淡々とした姿勢を大切にします。

実践のコツ

発達が気になる子には、「○○を○○に収める」「○○と○○を組み合わせる」といったマッチングを好む特性がよく見られます。その特性を活かし、「○○を○○にしまうお片付けは得意だぞ！まかせて！」と、片付けを気になる子が強みを活かせる時間にしていきます。

トイレ・手洗い ┆ 園児の移動に合わせて立ち位置を工夫する

❀ トラブル回避や園児の苦手さへ配慮する

　多くの園児が一斉にトイレに向かったり、着座の際に積んであるいすを取り合って、不用意にぶつかったりするかもしれません。保育者としてそうした無用なトラブルが生まれないよう、加配保育者がトイレのドアをしっかりと押さえて園児たちの動きを見届けたり、積んであるいすをくずさないように取っていくのが苦手な園児にはテキパキといすを手渡していくなどの配慮は必要です。

❀ 戻ってくる園児を捉える

　多くの園児は「この後は、トイレ・手洗いをすませて朝の会になるぞ……」と次の動きを意識しながら片付けをしているはずなので、その園児の動きを信じていきましょう。気づきの苦手な園児も、必ず周りの園児の動きに触発されて動き始めるはずです。

　何人かの園児がトイレ・手洗いから戻ってきたら、「次は朝の会が始まるぞ」という、園児の「次は○○」「次は○○」の動きに応えるように、タイミングを逃すことなく主活動保育者が朝の会の「立ち位置」に移動します。

「動ける」モードへ！

「トイレ・手洗い」に向けて保育者がクラスの出入り口付近のしかるべき位置に立ったときに、「トイレと手洗いの時間だ！」と多くの園児が気づいて集まってくる風景を目指します。

ここに注意！

- 「今はトイレに行かなくても大丈夫だから、座ってお友だちが戻るのを待っててていいかな」
- 「手洗い後のハンカチを持ってくるのを忘れちゃった」
- 「今のうちにおかあさんから頼まれた提出物を出してもいい？」

こうした園児たちから届くメッセージには必ず気づけるようにして、その代わり、園児たちが求めてもいないのに先回りして指示をしないように心がけることが大切です。

実践のコツ

移動を伴う一連の動きには、保育者の立ち位置が重要です。トイレに向かうときの出入り口での主活動保育者の立ち位置、戻ってくる園児を待つクラスでの主活動保育者の立ち位置、まだトイレにいる園児を見届ける加配保育者の立ち位置等を工夫し、保育者間の連携を大切にします。

🌸 タイミングを逃さない

　何人かの園児が朝の会に向けて着座を始めたら、その動きを裏切ることなく、準備的活動を始めましょう。

- 季節の歌
- 「クイズ、クイズ、なんのクイズ？」と園児とのかけ合いで行うクイズ
- しりとり

などの活動を、園児との阿吽の呼吸を大切に、タイミングを逸することなく開始していきます。

　その際、他の保育者との連携も大切です。トラブルが生まれないように環境調整をしたり、まだ戻ってこない園児に目を配ったりしている加配保育者は、主活動保育者に向けて心の中で、「私が園児と一緒にクラスに戻るまで活動の開始を待つようなことはしないでね。タイミングよく始めてね」とつぶやいてサポートしてほしいです。

　また、仮に、トイレにも行かずクラスにも戻らず、例えば玄関の方に走っていってしまうような園児がいたとしたら、玄関が視界に入る園長室にいる園長や主任の保育者は、主活動保育者に向けて心の中で、「玄関に走ってきた○○くんが気になってしまい、クラスで活動を開始しようとしている園児を放って玄関に呼びに来るようなことはしないでね。私たちがしっかり視野に入れて、タイミングを見てクラスに誘導するからね」とつぶやいてサポートしてほしいと思います。とりわけ、個別配慮の必要な園児に対しては、対応と連携にあたって園全体の協力体制が必須です。

🌸 活動内容を工夫する

　まだ廊下にいる園児にオーラを届ける気持ちで、準備的活動といって甘く見ることなく、活動のコンテンツを選定していきます。例えば歌であれば、「アッ、いつもの歌が始まった。急がなきゃ……」と、園児がクラスに入っていく気持ちを高めていけるように、園児が歌いたくなるような

「歌うと気持ちが良くなる歌」「少しウキウキできる歌」を選びましょう。

　そして、そのコンテンツがマンネリになっていないか、園児の心に届かなくなっていないか、日々振り返ってほしいと思います。

🌸 活動内容のレベルを上げていく

　年度が上がるにつれて、歌に複雑な動作を取り入れたり、輪唱や掛け合い、手拍子を加えたり、クイズやしりとり等もレベルを上げたりしていきます。

　クラスによっては、その後の活動のポイントになる動きをプレ的に体験させていきます。

● 梅雨時の室内活動として予定しているフルーツバスケットの動きとして、「リンゴ・ミカン・バナナ」で立ったり、座ったりする。

● 夏の太鼓演舞に向けて、バチを持った手の上げ下げの振り真似を歌に取り入れる。

✿ 気になる子には無理のない過ごし方を保障する

- 歌を歌うことのおもしろみが理解しづらい
- 何となく「お客さん」のようになってしまう
- 「歌を歌う」という活動そのものの意味理解が苦手
- 朝の会という儀式的活動そのものが苦手
- 集団にエントリーすることが苦手

　このような園児に対して、加配保育者等は無理強いすることなく、

- 「この時間は先生がそばにいるから、このいすに座ってミニ絵本を読んで過ごしてもいいよ」
- 「この時間は、お友だちと少し離れた場所でブロックで遊ぼうか」

というように、本人に無理のない場所と過ごし方を保障していきます。

　仮にそうした手だてが見つからず、室内をせわしなく動き回っているとしても「今はその状況を認めるよ」「できるだけ早い時期に、いたずらに動き回らなくとも持ちこたえられる手段を探し出すね」と、頻繁に連れ戻すことなく、お友だちや園児自身がケガをしてしまいそうな場面のみ、機敏に動いて断固として危険を防ぐという意識で見届ける姿勢を貫きます。

「動ける」モードへ！

　朝の会に向けてのルーチン活動が終わるころには、「次は朝の会だぞ！」と多くの園児がモードチェンジできることを目指します。

ここに注意！

　園児の実行機能の育ちに自信をもてない保育者は、「もう少し園児がクラスに戻ってくるまで待とう」と朝の会を開始するタイミングを遅らせてしまったり、歌を始めようとピアノの前にいったん立ったのに、その場を離れ、ついまた廊下を覗きに行ってしまったりします。こうした自信の無さは園児に伝わってしまい、園児の軽快な活動の流れを止めてしまいます。

　できれば意識的に、

- 「呼びに行かない、連れに行かない」
- 「集まってきた園児をいたずらに待たせちゃいけない」
- 「廊下・トイレ・手洗いの場を見てくれている加配保育者を信じよう」
- 「玄関で園児を見てくれている園長を信じよう」
- 「集まってきた園児にしっかり応えて、この動きを全体に広げていこう」

と、主活動保育者は心の中でつぶやいてほしいと思います。

実践のコツ

　準備的活動で歌うときは、伴奏をしつつも、園児がクラスに駆け込んでくる姿、軽快に歌を歌っている姿にしっかりと視線を向けて、「昨日より早く入ってこれたね」「心の入った歌い方だね」という思いで「評価」の表情を見せていく姿勢が何より大切です。

朝の会 ❷ 園児を信じて任せる

🌸 あいさつ当番の園児に任せる

　朝の会のあいさつ当番の園児は、「次はぼくが当番だ！」と昨日の夜や、今日の登園前からプロセスとして当番活動を意識してきたはずと信じ、そのプロセスのゴールを砕くような「はい、お当番さん」という指示は決してしないと心に決めましょう。自らの位置を「今か、今か」とスタンバイしている当番に明け渡します。

　筆者は保育園巡回でクラスの観察をする際、朝の会で保育者が「はい、お当番さん出てきて」と言ってしまうか、保育者が言わずとも当番の園児がタイミングよく前に出てくるかを真剣に注視します。園児の実行機能が育っているか否かの見極めポイントになります。

🌸 当番のレベルを上げる

　年度が上がるにつれて、当番には、点呼を任せたり、ミニ保育者的に全体をリードする役を任せたり、「ぼくががんばらなきゃ」という園児の思いを発揮できる当番活動を提案していきましょう。

「動ける」モードへ！

　保育者が「あなたに任せました」という姿勢を貫くことで、年長になる頃には、かなり要求の高い当番のミッションであっても、「ぼくたちも年長のお兄さんだ。来年は小学生だ。いつまでも先生に頼っていてはいけない」という、ほどよい緊張感をもったクラスに育っていきます。

ここに注意！

　未満児や年少クラスであれば、いたずらに朝の当番を不安にさせないように若干寄り添う位置で助け船を出すことも必要ですが、園児の「補助的に当番をこなせばいい」という意識の段階を早く卒業させてあげることが大切です。

実践のコツ

　任せた以上は、「困ったら先生が助けるね」という姿勢で、当番の近くにことさら寄り添うようなことはせず、当番活動を自らのミッションとしてスタンバイしてきた園児の意気込みを信じて任せきる姿勢を大切にします。

声かけや個別対応に頼らずに、
園児が駆け込んでくる朝の会を目指す

　朝の会をどれだけスムーズに、意欲的に開始できるかが一日の活動を左右します。第3章のリード文でも触れたように、保育者は「朝の会のスタートが全てを制する。最大のエネルギーを注ごう」という思いで、トイレ、手洗いから戻ってくる園児を、個別対応や声かけに頼らず、クラスに引き込んでほしいと思います。

　そのため、特に主活動保育者は、「今日の朝の会は1分で5人の園児が駆け込んできた。明日は6人にするぞ！」という思いで、「必ず駆け込んできてくれるはず」という確信をもって取り組みを積み上げていってほしいと思います。

　こうした姿勢を続けていくことで、必ず年度当初の早い段階で、一曲目の歌が終わる頃には、ほぼ全ての園児がクラスにそろい、当番の園児が、保育者が脇へどいてその場を譲ると同時に前に出て軽快に挨拶するという「朝の会」の風景が見られるようになっていくはずです。

　朝の会でこうした「動ける」モードが展開できれば、実行機能で動けるクラスの8割方はできあがったといえます。

　そして、その後に続く、園活動のメインディッシュである主活動を、「動ける」モード全開で進めていくことが可能となってきます。

第 **4** 章

一日の進め方③
―「動ける」モードを活かして プロデュースする ―

「動ける」モードは、園活動のメインディッシュともいえる製作やゲームなどの主活動が、いきいきと展開されていくための重要なベースです。園児のワクワク、ドキドキ、「やったー！できた！」という達成感をいかにプロデュースしていくかについて解説します。本章のキーワードは「真剣」「夢中」、そして、園児自ら活動の手がかりを得ようとする「主体性」です。

詳しい説明は初日のみ

　例えば、〇△□の枠内に、保育者の指示で逃げ込む「引っ越しゲーム」に取り組むとします。取り組み初日は、「テープで示した〇△□の枠を前に、保育者につかまらないよう、示された枠内に逃げ込むゲーム」であることを説明しつつ、同時にモデル的にやってみせ、園児の興味が間延びしないタイミングで実際にやってもらいます。

　一回説明した以上、翌日は遊戯室に集合したタイミングで「はい、スタート」とためらうことなく笛を吹いて開始します。園児の「よっしゃー、やるぞ」という期待を裏切らないことが重要です。

ゲームの命となる動きを大切にする

　取り組みでは、「逃げる、逃げ込む、逃げ切る……」という、ゲームの命ともいえる「ワクワク、ドキドキ」を演出する動きを大切にします。

　こうした夢中になれる動きを重視することで、理解の早い、先頭に立って動ける園児（こうした園児は、本来最初から説明しなくとも、園生活を通じて見聞きしてきた、他のクラスの同様のゲーム等ですでにやり方を十分理解しているものです）の主導する動きを手がかりに「アッ、そうやればいいのか」と後を追う園児の動きが育ち、日を重ねる中でクラス全体の一つの大きな動きとして固まっていきます。「逃げる、逃げ込む、逃げ切る」も夢中になれば、ワクワク、ドキドキの活動です。

　同様に、ドッジボールができるようになるには、まずは、ボールから真剣に逃げる動き（例えば「爆弾ゲーム」）、逃げる相手を狙う動き（例えば「氷鬼ゲーム」）など、ゲームの命ともいえる動きを他の遊びによって固めていく中で、重要なルールを、1つひとつ徹底させていきます。その集大成として、「ドッジボール」も夢中で本気なものとなっていきます。

　ゲームが深まる中で、ボールを手にした園児が狙いを定めようとするあまりなかなか投げようとしなかったり、転がっていったボールをいつも足

の速い園児が確保してしまう等の姿が見られる場合、「もっと、みんなで夢中に、真剣になりたいのに……」という園児の心の動きを裏切らないよう、必要なルールを追加していきます。

「動ける」モードへ！

「動ける」モードは主活動のための基本条件に過ぎません。園児が自ら動けることに加え、「よっしゃ、やるぞ！」と心を動かすことを目指します。

よっしゃー!!

ここに注意！

時間を費やして丁寧にルールを説明したり、ゲーム中に頻繁に動きを止めて注意を繰り返したりして、園児の、ゲームの命ともいえる「ワクワク、ドキドキ」を演出する動きにブレーキをかけてしまわないように割り切りが必要です。

実践のコツ

あらかじめホワイトボードに示した予定などによって、園児が前もって遊びの動きをシミュレーションしたり、お友だちと作戦会議などでゲームを話題にする中で、「このクラスは、説明は一回勝負だ」「でも、夢中にさせてくれる」「お友だちの動きも手がかりにしていけば戸惑うことはない」とゲームに向かう姿勢を育てるようにします。

運動遊び ② 　説明より手がかりを示す

🌸 細かいルールは簡潔に示す

　「引っ越しゲーム」で「今日からは、『枠をはみ出したらアウト』のルールを徹底しよう」と取り組みのポイントを定めたのなら、枠の色を前日の白から赤に変えておくだけで十分です。

　何人かの園児は「アッ、枠の色が変わった」と気づくはずです。そして、その日から、枠をはみ出したタイミングで保育者は戸惑うことなくホイッスルを鳴らし「アウト」と宣言することです。多くの園児はその真剣なジャッジで保育者の新たな意図に気づき、視線を向けるはずです。

　「○○くんアウト」というジャッジで、「おーい、みんな、枠から出たらアウトだぞ」とコールする園児が必ず1人2人いるはずです。

🌸 他の園児を手がかりとしてルールが強化される

　真剣なゲーム、真剣なジャッジはこうした積み重ねで園児に意識化されていきます。

　「枠をはみ出したらアウトだよ、わかった？」という事前の説明をはるかにしのぐ「ルールを真剣に守る」という動きを園児に生み出します。

　「枠をはみ出したらアウト」というルールに戸惑ってしまう、理解の苦手な子にとっても、他の園児が必死に枠を踏み越えないようにする振る舞いそのものが、「枠をはみ出したらアウト」の具体的モデルとなり、詳しく説明するよりも理解しやすくなります。

　発達の気になる子の中には、ゲームの意味そのものの理解が苦手な子もいます。その場合、例えば「引っ越しゲーム」であれば、加配保育者から渡された〇のカードを持って〇の枠に走るなど、道具で動きを促すように工夫します。「つかまらずに逃げ切れた！」という成功体験が積み重なりゲームのおもしろみが理解できていく中で、結果としてゲームの意味も理解していくことができます。詳しくは、前著『気になる子が活きるクラスづくり』でも解説しています。

🌸 説明がなくても動ける環境を準備する

　同様に、遊戯室でサーキットに取り組むとします。保育者は、環境（整然と配置された遊具・備品）を準備します。

　例えば、園児の整列場所の目の前に、反時計周りで、「クネクネトンネル」⇒「平均台」⇒「跳び箱」⇒「転がりマット」をセッティングします。

　そうした環境を用意した以上、口頭での説明は不要です。「クネクネトンネル」そのものが「くぐりぬける」という動きを示唆していますし、「平均台」そのものが「慎重に渡り終える」という動きを示唆しています。

　「多くの園児はどうしたらいいか当然気づくはず」と信じ、サーキットの前に並んだと同時に、「先頭の子、スタート！」とコールするだけで十分です。

　続いてスタートする園児も、やり方がやや不安な園児も、サーキットの意味理解が苦手な園児も、先頭の園児の動きをしっかり注視するはずです。

　そして、「アッ、分かった、そうやるのか」と理解するはずです。

🌸 やり方はジェスチャーで伝える

　「スタート！」とコールしたら、意図したとおりに園児たちがサーキットをクリアしていくか真剣に園児の動きに視線を配り、モニタリングします。

　意図が伝わらなかったとしても、すぐに保育者の方からあれこれ指示するのではなく、必ず園児の方から保育者にアイコンタクトして意図を探るはずだと信じることです。

そして、例えば先頭の園児が「転がりマット」の前で「ここはどうやるの?」と戸惑って保育者に視線を向けてきたら、その視線に応えて「両手を伸ばして線形で回る」というジェスチャーをしてあげるだけで十分です。

「動ける」モードへ!

クネクネトンネルや平均台を目の前にして、「早くチャレンジしてみたい!」という園児の主体的な心の動きが生まれ、すぐに活動を始められる風景を目指します。

ここに注意!

活動前の丁寧な説明が日常になってしまうと、実行機能で動くための行動原則の中で最も重要な、手がかりがほしいときの[園児 ⇒ 保育者]という園児からの働きかけが育たなくなってしまいます。説明を最小限にするのは冷たい対応、突き放した対応ではないのです。保育者は口頭での説明よりも、説明しなくても園児が動ける環境の準備に対してはるかに時間をかけるのだということを肝に銘じてほしいと思います。

実践のコツ

「枠の色が白から赤に変わった」「クネクネトンネルからケンケンパのリングに変わった」「跳び箱が2段から3段に増えた」といった目の前に示された変化から、園児は活動の進化や複雑化を理解します。活動の進化を止めないよう、「そうきたか!よっしゃ!」と園児の心が動くプロデュースを大切にします。

製作遊び ① 　自ら作りきれるように手順を示す

🌸 すぐにスタートする

　製作遊びの場面でも同様に、スタートのタイミングは重要です。

　遊戯室でのゲームを終えてクラスに戻るときには、

- 「次は折り紙で○○を作る時間だ。朝、ホワイトボードのそばに折り方が書いてあったけど、できるかなあ」
- 「ぼくはグループリーダーだから、クラスに戻ったら、すぐに折り紙をグループのみんなに配らなきゃ……」

　このように、多くの園児は心づもりをして、細かい指示をしなくても黙々と製作を開始するはずだと信じることです。

　園児が着座して製作の準備ができたら、朝の時点でホワイトボードの脇に提示しておいた行程手順をホワイトボード正面にセッティングし直すと同時に、「はい、スタート！」とコールするだけで十分です。

　中には「先生、もう始めていいですか」とたずねる子がいるかもしれません。そのときは、「はい、いいですよ」とうなずいて応じれば十分です。

🌸 園児の達成具合を見守る

　園児は、ホワイトボード正面に示された行程手順を注視することに加え、周りの園児の所作を参考にしながら、真剣に製作を進めていってくれます。少し自信のない園児は、遠慮しつつも正面まで出てきて、ホワイトボードの行程手順と自らがつくっている折り紙を重ねてみたりするかもしれません。それでも上手く折れないときには、保育者のもとに来て、やや小声で「先生、ここのところ」とたずねるかもしれません。そのときには、保育者はホワイトボードの行程手順を示しながら、「ほら、ここのところ……」と気づかせてあげましょう。

　そのためにも保育者は、しかるべき立ち位置で全体を俯瞰しながら、

- 「今日の示した行程手順で子どもたちは作りきれるかな」
- 「私の準備に過不足はなかったかな」
- 「○○くんはできているかな、○○ちゃんも、やや特性が気になるけど、こちらに助けを求めることなく作れているかな」

というように、園児の達成具合をモニタリングしていきます。

　やがて、「フー、できた」という園児のつぶやきがあちこちから聞こえてきます。中には、遠くから「先生……」と完成品を見せて、「OK」の確認を求めてくる園児もいるかもしれません。

　もし、多くの園児が戸惑ってしまったとしたら、「私の行程手順の示し方や準備が不十分だったかな？　これじゃ園児たちの信頼を得られない。明日はもっとブラッシュアップするぞ」と振り返り、改善していきます。

ここの
ところ…

🌸 未満児の頃から取り組みを工夫する

　実行機能が育っていけば、学年を追うごとに製作行程が増えたり複雑になったりしても、製作へのモチベーションをより高めて取り組んでくれます。

　そのためには、未満児であっても、例えば「半分に折って⇒また半分に折って⇒折り返して」の3行程なら、製作モデルの提示だけで製作を開始してもらいます。「多くの園児は事前の説明や個別対応をしなくとも作りきれるはずだ」と信じて始めましょう。

　仮に、その行程が数分で終わるものであったとしても、保育者に手伝ってもらわずに作りきれたという達成感を積み上げることが大切です。

　年長になるころには、相当に複雑な製作でも「わかんない、やって、やって……」と保育者に甘えることなく、完成させるようになります。

🌸 気になる子には必要十分な配慮をする

　製作モデルと自分の製作を見くらべて左右上下を変換することの苦手さや、空間処理の苦手さ、指先の細かい操作（巧緻性）の苦手さなどがある園児には、例えば、ハサミを入れるところに点線を書いておくなど、加配保育者がその子の特性のアセスメントに基づいて対応します。その際も、手を出しすぎず、必要十分な配慮に徹するようにしましょう。詳しくは、前著『気になる子が活きるクラスづくり』でも解説しています。

「動ける」モードへ！

園児がホワイトボードに示された手順を真剣に注視しながら、夢中で黙々と製作に取り組むという風景を目指します。

ここに注意！

保育者が個々の園児のもとに近づき対応してしまうと、「ぼくのことも手伝ってくれる」という理解で園児が保育者のもとに集まってしまい、多くの園児が歩き回る騒然とした製作活動になってしまいます。

実践のコツ

製作工程をしっかりと吟味し、園児が製作モデルを見て作りきれるように「ここは裏返すのがわかるように反転矢印のマークを入れよう」「ここは指でしっかり押さえる必要があるから指のイラストを示そう」などと工夫して、「これだけ準備すれば必ずできる！」と確信をもって活動にのぞむことが大切です。

製作遊び ② 計画性(プランニング)の力を育てる

🌸 製作スケジュールと必要な道具を示す

　6月に数日かけて作ってきたあじさいの花や葉、カエルなどを画用紙に配置して完成させていく作品作り、12月にそれまで集めてきた松ぼっくりなどを飾って完成させるリース作りなど、一日では完成せず日数をかけて作り上げていく製作は、園児の計画性（プランニング）の力を育ててくれます。こうした計画性は実行機能の１つとして大切な要素です。

　こうした製作遊びを通して計画性を身につけていくことは、月単位で取り組んでいく運動会や発表会を成功させる際の重要なベースとなります。

　保育者は、ホワイトボードに示した一日のスケジュールに加え、「〇曜日〇〇作り、……〇曜日〇〇完成」という製作のゴールに向けてのスケジュールを示し、一日のスケジュールには、「製作　〇〇作り」に加え、その際必要とされる道具(のり、ハサミ等)を文字やイラストで示しておきます。

　登園後、収納や身支度を終えた園児が、ホワイトボードに向かい、一日のスケジュールと製作のゴールに向けたスケジュール表を見比べます。そして、保育者は園児が自らのロッカーに向かい、それまで作り上げてきた製作過程のパーツ、製作に使用するのりやハサミを確認する動きをモニタリングし、戸惑っている園児から向けられるアイコンタクトや「どうすればいいの?」という相談を逃さない姿勢が大切です。

🌸 気になる子の特性に応じて配慮する

　発達の気になる子で、折り紙など、道具を用いず提示された工程を見て進める製作では大きな苦手さや戸惑いがなくても、計画性が求められたり、道具を使いこなす必要がある場合は様々な特性(「あれ、どこにあったっけ」という注意欠如、ハサミを逆手的に操作する、のりのべたべたと手につく感覚に気をとられて製作に集中できない等)が際立つことがあります。

　本人の特性に合わせて、マイスケジュールを用意したり、自らスケジュールを1つずつこなしたくなるようなモチベーションになる仕組み(スケジュールとジグソーパズル的に分割した本人の好きなキャラクターが製作ゴールとともに完成する等)、本人用のスティックのりの用意等、様々な工夫や配慮が必要となります。

「動ける」モードへ！

　製作のゴールまでの手順、必要な道具や備品等をその都度確認しながら、「今日は、あじさいの花と葉を画用紙に貼っていくんだ。のりはぼくのロッカーにあったかな、作っておいた花と葉はあるかな」「針○○までに作りきれるかな」「今日これを作らないと、ゴールに間に合わなくなっちゃう」等、事前に心づもりをするようになることを目指します。

ここに注意！

　園児が確認する前から、製作スケジュールを繰り返し説明したり、
「のりやハサミはある?」等の声かけをしないように気をつけましょう。

実践のコツ

　計画性をもって意欲的に製作に取り組み続けるためには、ゴール
にたどりついたらこんな達成感が待っているという動機が必要です。
　「わー、すごい！」「あんなのが作れるんだ」と園児がワクワクで
きる製作コンテンツを吟味してプロデュースすることが大切です。

第4章　一日の進め方③　—「動ける」モードを活かしてプロデュースする—

✿「室内に戻る動き」をルーチン化する

　朝の園庭での自由遊びで取り組んだ「室内から園庭」「園庭から室内」という動きを、さらに定着させていくことが重要です。

　園庭活動は、室内の一斉活動とは違い、他の園児の動きを行動の手がかりにしづらい環境です。一人ひとりの実行機能が育つまでは、

● リーダー当番が「お片付けの時間です」とコールする。

● ヘルパー当番が砂場にシートをかける。

など、当番活動で終了の時間に気づかせる工夫をしたり、

● 園庭に白線を引き、集まってきた園児から「ヨーイドン」のかけっこで室内に戻る。

などの集団の力を利用した意図的な活動を設定したりして、室内に戻る動きをルーチン化していきます。

　学年が上がり、一人ひとりの実行機能の力が育ってくると、終了時刻を意識しつつ、園庭の時計や保育者の動きを見ながらそれぞれ動き始め、昼食準備の時間までには室内に戻ってくる動きができてきます。

おわりのじかん！

🍀 気になる子には早め、早めの対応を心がける

　発達の気になる子の中には、多くの園児が室内に戻ってしまったのに気づかず、砂場での一人遊びに夢中になってしまい、園庭から戻るための手がかり(保育者や他の園児の動きや「ヨーイドン」のかけっこ等)が無くなってしまうことがあります。

　結果として、加配保育者がマンツーマン対応で室内に戻すことになってしまいます。その際、保育者が「○○くんの遊びを切り上げなきゃ、どう対応しようかな……」と当惑しつつ、日々個別に関わること自体が、気になる子の拒否やこだわりを強めてしまいます。

　こうした対応が日常にならないよう、早めに取り組みを工夫しましょう。終了時刻が近づいたら、他の園児の動きが手がかりとなる場所や室内に近い場所に気になる子の遊びの場を移動させたり、園庭遊び終了に向けて気になる子独自の当番活動(「○○を○○に収める」という行動が好きな特性を活かした遊具の片付け当番など)を設定したりして、切り替えをごく自然なルーチンにしていくことが大切です。

「動ける」モードへ！

　実行機能が育ってくると、保育者が「何がなんでも一斉に」と意図しなくとも、それぞれの自分の状況（「早めに製作が終わったから早く園庭に行きたいな」「製作の後は○○の片付け当番だけど、園庭集合には間に合わせよう」「給食当番だから早めに戻らなきゃ」）に応じて、サクサクと移動できるようになっていきます。

ここに注意！

　園児が室内に戻ってこないのではないかという不安から、園庭でそれぞれ遊んでいる園児に「終わりだよ、片付けて」と言って回らないようにします。こうした声かけを継続すると「先生が呼びに来るまではここで遊んでいて大丈夫だ」という園児の意識が育ってしまいます。

実践のコツ

　年少から年中、年長と学年が上がる中で、園児が保育者や他の園児の動きを見つつ、自らの動きを決めていける力を育てていくことが大切です。

　「気づき」の苦手な園児をはじめ、当番等が役割に気づこうとしているか、動きに注意を向け、「集合して踊る」「一斉にかけっこ」のような活動による集団の力がなくとも動けるように、取り組みを進めていきましょう。

園庭遊び②　園児の意欲につながる活動をプロデュースする

🌸 園庭全体と一人ひとりの園児に意識を向ける

　主活動として位置づけているゲームや製作を終えての園庭活動は、通常昼食までのつなぎのようになってしまいがちです。少なくとも午前の３０分以上を費やす園庭活動が、園児一人ひとりのとりとめのない遊びで終わってしまわないよう、園児の心が動いているか、単に刺激につられたおふざけになっていないかという観点で日常の園庭活動を振り返ります。

　さらに、園庭全体と一人ひとりの園児の動きに視線を向け、「危険な場面はないか、困っている子はいないか、トラブル発生の芽はないか……」と意識を向けます。

🌸 園児のワクワク感につながる遊びを形にする

　園児が何気なく始めた遊びでも、園児のワクワク感や達成感につながりそうな遊びであれば、一過性で終わらせずに、プロデュース的な発想で遊びが展開していくように形にしていきます。

- ボール蹴りにゴールポストを設定する。
- 砂場の水遊びからトンネルやダム作りへ発想が広がっていくように、必要な道具を用意する。
- 一輪車遊びが展開していくように、S字カーブや、ロードレースのような白線を引く。

　また、園児に育てたいスキルとして縄跳びや鉄棒等の時間を設定したり、今後に向けてブームにしたい遊びなどをプレ的に試みたり、発達の気になる子やゆっくりな子が、運動会に予定している遊戯などのパフォーマンスやスキルの必要な竹馬等の種目に苦手意識をもたないよう、試行的にポイントとなる動きにチャレンジさせたりしていきます。

　昼食前の園庭遊びが充実したものになると、その後の意欲的な「昼食」準備、園児自ら自然と眠りにつく「午睡」、「明日もまた園に」という意欲をもった「降園」につながっていきます。

「動ける」モードへ！

「一輪車でS字カーブを走るぞ」「砂場でダムを完成させるぞ」「鉄棒の逆上がりにチャレンジするぞ」等、園児が目的や心づもりをもって、それぞれ取り組んでいく動きを目指します。

ここに注意！

園庭のあちこちで遊んでいる園児のもとに「何してるの?」と声をかけて回ったり、逆に、「先生来て！」と、誘いに来た特定の少人数の園児とほとんどの時間を過ごしてしまうような関わりには注意が必要です。他の園児のトラブルやケガに気がつかなかったり、発達の気になる消極的な園児が、遊びの手がかりを見つけられずにいるという状況を見過ごさないよう意識することが大切です。

実践のコツ

園児が「次はこんなふうに遊んでみたい」「先生は、もっと楽しくなるように考えてくれている」と思えるような取り組みを少しずつ取り入れ、「今日は○○をしよう！」と園児が自ら楽しみにして園庭に向かっていく意識を育てていくことが大切です。

園児たちが創意工夫をして、
いきいき活動する姿を演出していく

紙を用いた素材遊び

刺激反応で動いてしまうクラスでは、「おふざけ」「いたずら」が活動のモチベーションになっていく

　園児たちがそれぞれのアイデアを出し合って、1つの素材をモチーフに、どれだけの時間遊びこめるのか?

　それは、第1章で触れたように、「刺激反応で動いてしまうクラス」か、「実行機能で動けるクラス」かにかかっています。

　筆者が訪問したある保育園で、保育者の声が飛びかい、刺激反応で動く園児の多いクラスがありました。9時半から11時まで行うクラスの主活動は、ふんだんに用意された新聞紙やチラシ、カレンダー、空き箱などの紙の素材で、創意工夫して、好きなように遊ぶというものでした。

　こうした素材が目の前に用意されれば、「紙」という刺激から、破く・ちぎる・丸める・たたむ・束ねる・セロハンテープやガムテープで何かを作る、といった園児たちの反応が引き出されるということが想像できます。

　予想通り、破ったり、ちぎったりした紙の山ができました。まるでショッピングモールのキッズコーナーにあるボールプールのようになり、紙の山にとびこんだり、埋もれてみたり、布団代わりにしてみたり、あるいは、紙をお友だちにかぶせてみたりといった遊びが生まれました。

　しかし、15分ほどすると園児たちはその遊びに飽きてきました。

刺激反応で動きがちな集団では、一定の遊びに飽きてくると、「いたずら」や「おふざけ」が行動のモチベーションになってしまう傾向が強まっていきます。そして、そうした「いたずら」や「おふざけ」の風景がクラスを支配し、結果としてトラブルが生まれてきます。

　紙の山に滑り込んでお友だちとぶつかったり、埋もれたお友だちの上に飛び乗ったりする遊びになっていき、泣き出す子も出てきました。

　ほかにも、紙を丸めたり束ねたりしてボールとバットを作り、投げて打つ遊びが生まれましたが、やはり10分ほどで飽きてしまいました。やがて、ボールを壁にぶつけてみたり、バットでお友だちをたたいたり、クラスの掲示物や備品をたたく「おふざけ」になっていきました。

　チラシの内容に興味を示し、活動に参加しない園児もいました。

　保育者は、散らかった紙の片付けやトラブル調整、活動に参加できない園児の個別対応にもっぱら時間をさいていました。

　一方、セロハンテープやガムテープを使って、キャラクターの魔法のバトンや戦隊もののアイテムを作る園児たちもいましたが、なかなか完成には至りませんでした。おそらく、日常的に製作場面で「わかんない。先生、やって、やって……」と園児が求め、園児自身で作りきるという経験が積み重なっていないクラスではないかと想像できました。

　主活動は11時までの予定でしたが、10時を過ぎた頃から、保育者は頻繁に時計を見るようになりました。そして、「もうもたないな」と判断し、当初予定していた製作品の発表などを取りやめ、10時15分には園庭での自由遊びに予定を変えてしまいました。

　刺激反応で動きがちなクラスでは、10分ほどすると、「いたずら」や「おふざけ」優位の遊びになったり、あるいは、発達の気になる子の何気ない意外な行動が、周りの園児にとってのさらなる「いたずら」や「おふざけ」のモチーフとなり、トラブルが増えたりします。

実行機能が育っているクラスでは、長時間でも遊び込める

　一方、実行機能が育っていて、当番活動も活発に行うあるクラスで、同じように紙を使った遊びがありましたが、用意されたものは新聞紙のみでした。その中で、夢中で真剣にゲームに取り組んだり、黙々と自分の力で製作する園児たちの姿が見られました。

　遊び方の着眼点は、刺激反応で動くクラスの園児たちとそれほど違いはありませんでした。しかし、実行機能が育っているクラスでは、例えば新聞紙でボールとバットを作り終えると、保育者に相談して空き部屋に移動してミニ野球ゲームが始まりました。そして、Aチームは1人足りないから誰か誘ってこよう、審判はどのような順番で担おうか……といった相談をしていました。

　クラスの別の場所では、丸めたボールを色分けして、運動会で経験したような玉入れゲームが行われました。

　製作をする園児は、刺激反応で動くクラスと同じように、キャラクターの魔法のバトンや戦隊もののキャラクター、刀・鉄砲などを作っていましたが、お友だちに自信をもって披露できるだけの作品に仕上がっていました。

　新聞紙をちぎったり破ったりしてボールプールに見立てて遊んでいた園児たちは、しばらくしてその遊びに飽きた頃、周りの園児の遊びを見て、「ぼくもやりたい！」「仲間に入れて」と、ミニ野球ゲームや玉入れ、製作の輪に入っていきました。

　保育者は、園児の様子を見ながら遊びをプロデュースしていました。ミニ野球ゲームの場にビニールテープで枠を設定したり、玉入れに使えそうなバスケットを準備したり、傘を逆さにつるしてそこにボールを投げ込めるようにしてみたり、ボールに見立てた丸めた新聞紙をビニール袋に入れて、ミニバスケットボールやバレーボール的な活動の準備をしたり、製作に必要なペンやハサミなどの備品コーナーを設定したり……。

　用意された「紙」の素材は新聞紙のみでしたが、9時半から開始された

遊びは、予定通り1時間半、特段のトラブルもなく取り組まれました。

　一人ひとりの実行機能が育ち、真剣に夢中で活動できるクラス集団になると、ルールや役割を決めたりそれぞれのアイデアを活かしたりしながら、長時間の遊びでも園児が相互に協働する時間を過ごせるようになっていってくれます。

実行機能を活かして、真剣に夢中で遊び込む

　筆者が訪問する保育園では、未満児や年少児の頃から実行機能を大切にしたクラスづくりをしていく中で、年中・年長になると、おばけ屋敷や買い物、レストランごっこ、また、例にあげた新聞紙のような1つの素材をモチーフにした遊びを、園児が互いに相談したり役割を決めたりして展開していく姿が見られます。巡回訪問者や見学者がいても気をとられず、真剣に楽しんで活動している場面に出会うこともまれではなく、その活動を見学しながら感動している自分に気づくこともあります。

　また、こうしたクラスになると、単にプールや園庭の砂場などで自由遊びをしていても、特段のトラブルもなく過ごすことができます。やや乱暴と思われる遊び（水を激しくかけ合う、お友だちのからだを砂で覆ってみるなど）でも、お友だちに故意にいたずらをしたりすることはありません。お友だちの特性を子どもなりに理解していると思われるほどに、相互に気づかいながらも、無邪気に遊び込んでいる姿が見られます。

　こういった例のように、実行機能を育てるクラスづくりの1つのゴールは、園児一人ひとりが自分の強みを活かし、創意工夫して活動を展開できることともいえます。

保育者のプロデュース力で、 「動ける」モードを全開する

　保育者やお友だちの動きを注視し、「ぼくはどう動くんだっけ、どうするんだっけ……」と自分の動きをモニタリングしていく。そのためには、他の刺激に気をとられずに、気持ちを製作やゲームに集中させていく。このように主活動は、まさにこれまで育ててきた実行機能の集大成の場面です。

　こうした場面をプロデュースすることが、保育者の醍醐味ともいえます。

　そのためには、園児たちが意欲的に取り組めるように活動のコンテンツを厳選することはもちろん、保育者の説明を理解して取り組むという受け身的な姿勢の園児ではなく、「アッ、この動きはあのときと同じだ」「どう動くんだっけ」「アッ、そうやるのか」と、自ら情報や手がかりを得ようとする主体的な園児を育てていくことが重要です。

　結果として、園児が実行機能を活かして「動ける」モード全開で取り組むことによって、「やったー！できた！」と夢中になり、「みんなで真剣に取り組むとこんなにも達成感があるんだ」という手ごたえを得ることができます。

　ある保育者さんが、「食事をおいしく食べさせたい、気持ちよく午睡をさせたいと思い、その場になって指導や声かけを一生懸命してもあまり意味がないと思います。それよりも、午前中の主活動で園児たちが夢中で真剣に活動できることが、おいしい食事、心地よい午睡につながると実感しました」と話してくれました。

　筆者は、「よい園児だからよい活動ができるのではなく、よい活動をするからよい園児になれるということですね」と伝えました。そうした意味では、本章で解説した「動ける」モードで主活動をプロデュースすることが、次章の「動ける」モードの定着を生み出していくともいえます。

一日の進め方④

―「動ける」モードを 定着させる ―

昼食から降園にかけては、主活動を終えて少しほっと した、「動ける」モードを必要としない時間帯にもみえ ます。しかし、慌ただしい昼食準備と食事、家族のい ない場での午睡と寝起きは、実行機能、とりわけ自己 コントロール力が最も試されます。これまでの「動け る」モードが午後にも定着しているか振り返りつつ、 読み進めていってください。

昼食 ① それぞれの園児の役割を見届ける

当番の動きを重視する

昼食準備は、

- 「用意はいいですか？　いただきます」とあいさつするリーダー当番
- 各グループメンバーにお皿などを配るグループリーダー当番
- エプロンを着て配膳準備するグループ当番
- 当番活動がないので、自らの昼食準備(トイレ、手洗い、ランチョンマットの用意等)をする園児

など、それぞれの園児の動きが入り交じる時間帯です。

保育者は、一人ひとりの園児の動きを注視し、とりわけ「気づき」の力を最も発揮してほしい当番の動きを重視します。

そのため、自らもエプロンに着替え、クラスの出口などしかるべき位置に立ち、「お当番になっている○○くん、テーブルの台拭きやエプロンの着替え、忘れていないかな?」と当番活動の動きに意識を向け、必要があればアイコンタクトやジェスチャーで気づかせつつ、当番がクラス出口に並び始めたタイミングで調理室へ向かう動きを大切にします。

「行って戻る、行って戻る」の動きを見届ける

　テーブル拭き、お皿配り、料理の盛り付け、コップへお茶を注ぐ等々の準備に対し、グループリーダー当番・グループ当番など個々の役割に沿って、それぞれの園児が自ら準備をしていく動きを重視します。

　「手はおひざ」で配膳が終わるまでおとなしく待っているというよりは、園児が「行って戻る、行って戻る」と自ら動くことで「いただきます」が実現するという風景を大切にします。

気になる子がトラブルを起こさないよう配慮する

　気になる子にとって、昼食準備の慌ただしい時間を、自らの準備もしつつ過ごすことはあまり得意ではありません。

　やや戸惑いつつも、保育者とのアイコンタクトなどの確認や承認で動ける範囲であれば本人の力に任せます。さらに配慮が必要な園児に対しては、慌ただしい時間帯は部屋のコーナーで絵本を読んで過ごしたり、あるいは、その子独自の毎日のルーチン当番(主活動等の片付けや配膳準備の一端を担う、午睡に向けての準備などの１つを必ず任せていく等)を入れ、慌ただしい動きの中でトラブルを起こしてしまわないような手だてをします。

ぼくの
おとうばん！

❀「ごちそうさま」の時刻を示す

　ホワイトボードに「ごちそうさま」の時刻を時計の文字盤で示し、食事開始に合わせ、保育者が時計を見比べながら「長い針○○」と示した時間に視線を送り、園児の「長い針○○までに食べきるぞ」という意識を育てていくことを重視します。

　それぞれが役割を担って準備した昼食を、おいしく、楽しく過ごす一方で、時計をチラチラ見ながら「アッ、急がなきゃ」「おかわり間に合うかな」と一人ひとりのペースで、でも時間内に食べきれるという風景の定着を大切にします。

「動ける」モードへ！

　園児一人ひとりがそれぞれの役割に応じて自ら動き、「いただきます」のタイミングを見計らいながら、ほぼ同時に着座し、「動」から「静」のモードに落ち着くという動きを目指します。

ここに注意！

　昼食当番の、食缶運びや配膳準備にあたっては、園児には重すぎたり、やけど等の危険を伴わないか配慮しましょう。保育者が責任をもつ部分と当番に任せるべき部分について、役割分担を明確にしておく必要があります。その上で、当番を保育者の補助者のような役割で終わらせない姿勢が何より大切です。

　年齢が上がるにつれて、保育者がしっかり脇で台をコントロールしてあげながら、当番中心で食缶運びを行ったり、食事の盛り付けも含めた配膳全般を任せていく中で、園児の「自分たちの仕事」という意識を育てていきます。

実践のコツ

　昼食の準備は、一人ひとりの園児が日々のルーチンとして積み重ねてきた手順に沿って、

- 他者と自己のモニタリングをする(例えば、同じグループの園児がエプロンの身支度をしている動きを見て、「アッ、ぼくも今日はお当番だ」と気づく)。
- 他の刺激に引っ張られずに作業記憶(「テーブルを拭かなきゃ」「エプロンを着なきゃ」)を維持する。
- 一定時間内に計画的に準備を終える。

という、「動」の「実行機能」の定着度が最も現れる場面です。保育者のクラスづくりがどこまで育ってきたかの1つの指標になるという意識で取り組むことが大切です。

🌸 対応方針を一貫する

　アレルギー食などの配慮や身体的ハンディから個別対応が必要な園児に対しては、園全体での統一事項として対応しますが、そのほかにも、食べることがゆっくりで時間内に食べきれない子、偏食の子、盛りつけられたおかずを減らしてほしいと言う子、頻繁におかわりを求める子……園児には食事に関する様々な要求があります。

　その際、理不尽で極端な対応（食べきれない園児に対して午睡の時間まで延長して食べさせる、偏食の園児に対して無理に食べさせようとする等）を控えることはもちろん、その都度の要求にその場しのぎの個別対応を繰り返すのではなく、「私のクラスではこうした食事に対する個人差や個々の要求に対してはこうした姿勢で臨む」という対応方針を固め、一貫することが大切です。

　思いつきの対応を繰り返してしまうと、「先生は、お友だちのお願いに、いつもちょっと困った顔をしつつ、『わかったわかった』としてあげている」と園児が捉え、保育者に対する信頼感を損ねてしまいます。

🌸 気になる子の食事に対する苦手さに配慮する

　発達の気になる子には、本来楽しいはずの食事も、感覚刺激(味覚・臭覚・触覚・視覚等)を不快に感じてしまう苦痛な時間となる場合があります。こうした園児に対しては、「チャレンジ可能と思われる提案をして、食事の成功経験を積み上げていく」という取り組みが重要です。詳しくは、前著『気になる子が活きるクラスづくり』でも解説しています。

「動ける」モードへ！

　ときどき時計に目を向けて「ごちそうさま」の心づもりをしつつ、お友だちと楽しく食事ができる風景を目指します。

ここに注意！

　特に、年度当初は、ついよかれと思って、その都度の個別要求に応えて、個別ヘルパーのような対応をしてしまわないことが大切です。
　「いただきます」と同時に、何人かの園児が「減らしてほしい」と、保育者の前に並んでしまうとすれば、「私の初期対応の何がこうした状況をつくってしまったのか」と振り返ってみる必要があります。

実践のコツ

　昼食は、園児にとって最も楽しみな時間の１つです。それだけに、「○○ちゃんはいいな」「○○くんだけずるい」という相対的不満足を生みやすい時間です。
　思いつきの対応を繰り返してしまうと、園活動全般に支障をきたしてしまうという覚悟で取り組むことが大切です。

午睡 ① 手順を大切に、ルーチンとして定着させる

昼食から午睡までの手順を丁寧に進める

園児にとって午睡は、「眠くなったので眠る」という自然な睡眠とは異なり、ある種儀式的な要素も加わった「眠らなければならない」という「活動」になります。眠くなくとも、布団に入り、目をつぶり、静止状態で過ごし、周りの園児の邪魔をしないことが求められます。

結果としてしばらく経つと、室内が静まり返り、寝息が聞こえてきますが、こうした状態を保育者が演出することは実は容易ではありません。

保育者は、特に年度当初は、午睡が園児にとって義務的な時間であると理解し、午睡に向けての手順を日々のルーチンとして定着させます。

例えば、昼食の片付けが終わる⇒保育者やリーダー当番が見本を見せながら歯磨きを終える⇒園児がそれぞれ自らの布団を取りに行き、室内の一定の場に自ら整える⇒園児自ら着替え袋を取りに行きパジャマに着替える⇒室内のカーテンを閉める⇒絵本の読み聞かせをする⇒終了と同時に室内を暗くする⇒園児が布団に入る。こうした手順を丁寧に繰り返していきます。

園児にも手順を踏ませる

その際、園児をお客さんにせず、保育者・園児双方が協働で手順を踏むことを大切にします。園児も自ら「行って戻る、行って戻る」の動きを通じて、お昼寝という「静」モードの状態を作っていくことがポイントです。

日々のルーチンが定着していき、一人ひとりの実行機能が育っていく中で、その日の事情で手順が変わったりしても、園児自ら「静」モードに切り替えていく力が働き、午睡がごく自然な流れとして定着していきます。

「動ける」モードへ！

「○○くんも静かにしている」「○○ちゃんもじっとしている」「ぼくも」……こうした時間も「心地よい」という認識を育てていきます。「静」モードが多い入園式や卒園式も、つまらなくない、ある意味わくわくする「心地よい」時間としていけます。

ここに注意！

手順を踏んでいく際、儀式的「静」のモードにイレギュラーな要素が加わらないような配慮が必要です。布団を取りに殺到する園児同士の無用なトラブルを防ぐために加配保育者がテキパキと園児に布団を手渡す、カーテン閉めや電気消灯のタイミングを間延びさせない、「静」モードに適した本の選択、声のトーン等々、午睡に慣れるまでの間は慎重に配慮します。

実践のコツ

午睡は、それまで育ててきた園児の実行機能、つまり、周りと自分のモニタリング（「お友だちも寝ようとしている、ぼくも……」）をしつつ、他の刺激に引っ張られず、自己コントロール（「いまは静かに過ごそう」）をしていくという実行機能の「静」の定着具合が試される場面です。実行機能の育っていない園児の多いクラスでは、こうした「動」と「静」の実行機能が働かないため、「動」がメインの昼食準備は騒然とし、「静」がメインの午睡は「いまは眠くない……」など園児の気分やマイルールに振り回される状況になります。日々積み上げてきた実行機能の定着具合をみる大切な活動だと意識して取り組むことが大切です。

可能な限り「甘えさせる」
対応を控える

🌸 「甘えさせる⇔甘える」関係を強化しない

　乳幼児を意図的に眠りにつかせるのが容易でないことは、多くの家庭で経験されていることです。園での午睡は、家庭での就寝の手順(パジャマへの着替え⇒自分で歯磨き⇒親の仕上げ磨き⇒ 家族に「おやすみなさい」とあいさつし、ハグをしてもらう⇒布団に入り絵本の読み聞かせをしてもらう⇒親が添い寝する)と似て非なる園での手順を集団として定着させていく取り組みともいえます。

　実行機能が身についてきた園児であっても、眠りのモードに向かう際には、家庭のような「甘えさせる⇔甘える」の愛着モードを求めてしまうのは当然ともいえます。その際、どの程度ボディタッチを受け入れるのか、背中をポンポンしたり、さすったりしてあげるのか、添い寝はいつまで行うのか、さらには、おんぶをどの状況まで許すのか、一人ひとりの園児への対応にはむずかしい判断があります。

　その際、「甘えさせる⇔甘える」という関係を強化してしまうと、園児も家庭と同じような関わりを強く求めてきます。

　家庭とは違う、園での「お友だちがいる」という環境は、状況によっては「強み」になり、時には「弱み」にもなります。「甘えさせる⇔甘える」関係を強化してしまうと、隣でおんぶや抱っこを求めるお友だちがいれば、家では母親の添い寝で眠れる園児も「○○ちゃんのようにわたしも……」とおんぶや抱っこを求めてくるかもしれません。それは、お友だちの振る舞いが「弱み」として働いた結果です。

　大切なことは、お友だち集団の力を「強み」として活かす取り組みです。それは、繰り返しになりますが、クラスを実行機能の力をもった集団に育てるということです。

徐々にモードチェンジする

　登園から朝の会に向けてのモードチェンジと同様、年度当初は「甘えさせる⇔甘える」の愛着モードをある程度許容しつつも、「今日は、○人を愛着モードで寝かせたけど、明日は○人に減らそう」「今日は、○○くんに○回甘えさせたけど、明日は○回に減らそう」という意識を大切にしつつ、一日も早くクラス全体を実行機能で動ける集団に育てていくことが大切です。

園と家庭で情報交換をする

　連絡帳や、登園・降園時に家族と会う時間を活用し、園児が苦手意識をもったり、戸惑いや不安を感じている課題等について工夫や配慮している点を、園と家庭で相互に情報交換する取り組みも大切です。

　筆者は、例えば連絡帳等を通じ「○○くんは今日○○の場面で○○のような≪苦手さ、戸惑い、不安≫が見られましたが、○○のような配慮で、≪自信をもって、戸惑うことなく、安心して≫過ごすことができました」という形式で家庭との情報交換をお願いしています。

　保育者側から「普段は添い寝をしないとなかなか眠れないのですが、今日初めて、添い寝せずとも、かたわらで座る私の膝に手を触れつつ、安心グッズを持って眠ることができました」、家庭側から「家でも、絵本を一冊読み終えたら、子どもの方から『もうおかあさん行っていいよ』と言い、後で見に行くと、安心グッズをそばに置いて眠っていました」というように、工夫や配慮で成長していく様子を伝え合ってほしいと思います。

「動ける」モードへ！

　「おかあさん、ぼく今日、園で一人で眠れたよ」「先生、昨日、おうちで一人で眠れるようになったよ」という報告が園と家庭の協働で増えていき、園児が自信をつけていくことを目指します。

　発達の気になる子の中には、眠ることが苦手だったり、睡眠障害に近い特性の子もいます。奇声を上げたり、せわしなく動いたり、頻繁に保育者に関わりを求めたり、クラスから出ていってしまったり、時にはお友だちに手が出てしまったりすることもあります。発達の気になる子のこうした動きに左右されて、「ぼくも」「わたしも」と同調して奇声を上げたり、部屋から出ていってしまう園児を増やさないことが大切です。

　添い寝やボディタッチを許容しつつも、眠れなくともその場で静かにしていられるように安心グッズ等を活用する、午睡の時間は別室で絵本を読んで過ごす等の配慮は必要になります。年齢が上がるにつれ、午睡の過ごし方を保育者との作戦会議で決めていく力がついていくはずです。

実践のコツ

　午睡は、園児との関係づくりにおいて、保育者⇔園児の関係を育ててきたか、「甘えさせる⇔甘える」関係を強化してこなかったか、保育者の保育観が最もよく表れる場面です。園児に「○○くんだけよしよししてもらっていいな」と不満感をもたせるのではなく、「先生はみんなを気にかけてくれている」と安心感をもたせつつ「一人でも眠ることができるんだ」という自信を育てる場であるという意識で取り組むことが大切です。

第**5**章　一日の進め方④　―「動ける」モードを定着させる―

🌸 午睡後の切り替えを図る

特に年度当初は、普段は自分の気持ちをセーブできる子であっても、午睡後は寝起きの苦手さからぐずったり、泣き出したりすることがあります。登園から主活動、昼食まで実行機能を活かしてがんばってきた「園児」たちも、素の「幼児」に戻ってしまう状況となります。

大切なことは、登園後の自由遊びに準じた環境設定をし、日を追うごとに、保育者の個別対応が減り、午睡後におもちゃやグッズ、絵本等で過ごす中で、本来の「園児」に戻っていく風景を広げていくことです。

🌸 おやつはサクサクと準備する

午睡後のおやつは、昼食のように園児自ら準備をしたり、「針○○までに食べきる」という実行機能を発揮する活動場面と位置付けるよりは、午睡後の楽しみと位置付けます。特に年度当初は、保育者側でテキパキとセッティングし、「席についておやつ」という過ごし方を通じて、午睡後の一人ひとりの園児の気持ちを集団として整えていく場にします。

午睡後のぐずりやおんぶ、抱っこなどの個別対応の頻度が日々減っていき、おもちゃや絵本等で過ごせる風景が日常となったら、登園時と同様に、保育者が園児に「近づく、近づく」から園児の「行って戻る、行って戻る」の動きを強めていくことができます。多くの園児が布団の片付け、机やいすのセッティング、おやつの配膳当番等をこなしつつ「降園」に向けての実行機能を取り戻していくはずです。

「動ける」モードへ！

おやつを食べながら、「もうすぐお帰りだぞ」「食べ終えたら、作りきれなかった折り紙だけ仕上げちゃおう」「鉄棒の逆上がりにもう1回チャレンジして帰ろう」と、再び自ら動けるように気持ちを切り替えられることを目指します。

ここに注意！

発達の気になる子の中には、寝起きの気持ちの切り替えが苦手で、一日で最もかんしゃくやパニックが際立ってしまうこともあります。

寝起きの素の状態のときには、いつもは同調しない園児であっても影響を受け、クラス全体にかんしゃくやぐずりが広がってしまいます。こうした午睡後の状況を長く続かせない注意が必要です。

実践のコツ

刺激につられがちな学級崩壊気味のクラスでも、食事時間は「食べる」ということに集中して、ある程度落ち着いた風景となります。

同様に、おやつは、その後の降園に向け落ち着いた本来の園風景に戻していくポイントであると受け止め、寝起きのぐずりを降園まで引きずらないという意識で取り組むことが大切です。

降園 明日への心づもりを育てる

🌸 翌日のスケジュール、当番活動等を示す

　降園に向けた「身支度⇒絵本の読み聞かせ⇒お帰りの歌⇒あいさつ」等の手順については、登園後と同様保育者の立ち位置、視線、モニタリング等を大切にします。午睡後のおやつを通して素の「幼児」から実行機能を活かせる「園児」に戻った状況であれば、「おうちの人が迎えにきてくれる」「今日の製作物を手に、一日がんばった表情を見せたい」等の動機がテコとなり、登園後の手順と比べて比較的トラブルなくスムーズに展開していくはずです。

　降園の際、大切な配慮としては、園児が翌日に向けての心づもりをもって迎えを待つという状況を演出していくことです。

　そこで、ホワイトボードに翌日の目玉となるような予定を示したり、実行機能が育ってきたら、前日の時点で翌日の大まかなスケジュール等を示します。「明日はぼくがリーダー当番だ」「明日はドッジボール3回戦だね、がんばろう！」「明日はお弁当の日だね」と、お友だち同士で翌日に向けて情報交換をして、迎えに来た家族と「今日は〇〇だったよ、明日はぼくがリーダー当番なんだ！」「そうなの、じゃ、がんばらなきゃね！」とやりとりをしつつ帰っていくという風景につなげていきます。

あしたはね…

🌸 必要な園児には翌日に向けての作戦会議に誘う

　降園時は、その日の心残り、課題を引きずらない状態をつくることも大切です。

　とりわけ、発達の気になる子で、ゲームに負けてかんしゃくを起こしてしまったり、一日の出来事を引きずってしまったり、翌日の予定を1つひとつ決めておかないと不安になってしまいがちな傾向の園児に対しては、家族のお迎えを待っている時間等を活用して作戦会議の場を設けます。

　例えば、

- 「今日はフルーツバスケットで負けてしまったけど、明日はどうやったら勝てるかな、負けちゃったときはどうやって過ごそうか」
- 「今日で完成までいかなかった製作品を仕上げてみよう」

また、翌日のホワイトボードを一緒に見ながら、

- 「明日のダンスの時間は、最初はお友だちの動きを見学する?」
- 「今から、バディになるお友だちを決めておこうか」

など、翌日に向けて提案してほしいと思います。

　その中で、園児が「困ったときは、自分で抱え込むのではなく、相談して決めていけばいいんだ」という社会性の力をも育んでいってほしいと思います。

「動ける」モードへ！

「家に帰ったら、家族とうんと楽しく過ごして、充電する」「また明日登園したら、実行機能を活かして自らがんばる」という園児なりの気持ちの切り替えを大切にします。

ここに注意！

降園時は、迎えに来た家族の方に、その日の園児の様子を伝える場にもなります。登園時以上に、クラス全体と一人ひとりの園児の把握に加え、「かぜ気味の園児の様子を伝える」「家族から翌日の登園時間の変更が伝えられる」など、個々の家庭とのやりとりが必要です。その際、園児とのプライベート関係を強化してしまっている保育者は、家庭とのプライベート関係も無意識に強化してしまいがちです。

それぞれの家庭に対し、どれだけの時間を割いているのか、必要な情報交換に見合う時間として対応しているのか振り返り、家庭との信頼関係を築くのに大切な時間でもあると意識することが大切です。

実践のコツ

　降園時は、「一日がんばれた」「おうちに帰れる」という動機にも
後押しされ、最後のひとがんばりとしてやや負荷のかかる取り組み
にチャレンジしたくなる時間でもあります。

　午睡後に「動ける」モードに早く戻れる力を育て、もう1つチャ
レンジ的な主活動を組んでみましょう。そして、それを明日につな
げていきましょう。

● 就学を控えた年長さんには、卒園式で家族に渡す感謝のプレゼン
　ト作りの取り組みを入れる。

● 学校を想定して、40分程度、グループリーダーが主導しつつグ
　ループごとに歌や楽器のパート練習をし、最後にリーダー当番主
　導で全体での合わせ練習をするなど、園児が主体的に取り組める
　活動を提案する。

　こうした取り組みにチャレンジしていけるように、年度当初の早
い時期から、個別対応に振り回されることなく午睡⇒おやつ⇒降園
の流れを固めていくことが大切です。

第**5**章
一日の進め方④
――「動ける」モードを定着させる――

「動ける」モードを育てることは、「動かないでいる」力を育てることでもある

　静かにじっとしている「午睡」と「動ける」モードは、相反すると思われるかもしれません。

　ある保育者さんから「『じっとしていて』『静かにしていて』と言ってもすぐに立ち歩いたり奇声を上げたり。それに、いけないこととわかっていても、すぐにお友だちに手が出ちゃうんです」と、気になる子の中でも特に落ち着きがなかったり、多動傾向の園児について相談されました。

　そうしたとき、筆者は「多動傾向の子は、単に『静かに、じっとしている』ことは苦手ですが、活動として自覚化させた『静かに、じっとしている取り組み』であれば誰よりもがんばれますよ」と伝えます。

　例えば、音楽に合わせて動き、音楽が止まると同時に制止し、動いたらアウトというゲームに対し、多動傾向の園児は「今か、今か」と集中しながら、音楽の停止と同時に誰よりも真剣に「制止」のポーズをとります。周りの状況を見ながら、他の刺激につられることなく、自身をコントロールする力を発揮します。

　衝動的にお友だちに手を出してしまいがちな園児であっても、「手を出さない取り組み」を保育者との作戦会議で自覚化すれば、「アッ、いけない。手を握って、1、2、3と数えるんだ」と自らをコントロールします。このように自分で考え、自分の内面に、自分で言い聞かせる言葉(内言)は、実行機能が育つとともに身につく言語力ともいえます。

　「動ける」モードを育てることは、「動かないでいる」という力を育てることでもあります。どちらも、周りの様子を見ながら、他のことに気をとられず、自己コントロールする力が必要です。

　そうした意味で、園児に「動ける」モードが定着しているか、本章を振り返っていただきたいと思います。

第 **6** 章

園児が
変わり始めたときに
大切な視点

本章では、実行機能を育てるクラスづくりを継続していく上で大切な視点を解説します。「園児にはこんなにも自ら動ける力があるんだ」「これまで、いかに必要以上の指示や声かけをしてきたか」と実感できたものの、「わかっていても、長い間やってきた関わり方を変えていくのは簡単ではない」という保育者さんは、自身の取り組みを点検しながら読み進めてください。

1 ｜ 自ら気づいて行動を 修正する力を育てる

> **ポイント** 細かい指示は控え、園児自ら行動を修正してい く力を育てる

細かい行動の修正は指示しない ……………………………

- 収納が乱雑なのでつい声かけをしてしまう。
- [トイレ ⇒ 手洗い ⇒ 着座] の流れは身についてきたが、ハンカチでの 手拭きを忘れてしまうことがあるので、ついやり直しを指示してしまう。

　このように、せっかく「次は○○」「次は○○」で動ける実行機能が 育ってきても、細かな手順を飛ばしてしまった、丁寧でない等の理由か ら、保育者が園児の「次は○○」「次は○○」の流れを止め、細かい指示 や声かけをして修正することがあります。そこには、当然「丁寧なしつけ をしたい」という保育者の思いもあります。

　保育者から、「園児たちは、大枠の流れは指示や対応がなくても動ける のですが、どうしても、細かい行動を修正したくなって指示してしまいま す」と相談されることがあります。

その際、「二兎を追う者は一兎をも得ず」のことわざにからめ、「ぜひ、大枠の流れを優先してください」とお願いします。大項目（幹）の実行機能が育ってきたら、中項目（枝）や小項目（葉）については、園児自らが自己モニタリング力と人間関係の育ちとともに身につけていってくれると信じ、頻繁な指示や声かけをしない姿勢が大切です。

自己モニタリング力と人間関係の育ちで
細部の行動が変わる ……………………………………………

　保育者が「いつも視線をあなたに届けていますよ」という、モニタリングの姿勢で園児と向き合い続けると、園児にも「これでいいんだっけ……」「次は何をするんだっけ……」という自己モニタリング力がついていきます。つまり、自らの行動に対して「気づく」という力が育っていきます。

　そして、徐々に「アッ、忘れた」という「気づき」から、手洗い後のハンカチ、園庭から戻ったときの靴の収納など、気づいて修正していく力がついていきます。時には、保育者とたまたま目が合ったときのアイコンタクトで「アッ、忘れた」と気づいて修正するかもしれません。

　また、当番活動やお友だちとのゲームやごっこ遊びなど、日々の園生活の積み重ねを通じて人間関係が育っていく中で、「こんな片付け方をしたらかっこ悪いな」「これじゃあリーダー当番のときにお友だちの前に自信をもって立てない」「お友だちに見られたら恥ずかしい」という意識が生まれ、「どうせならきちんと収納したい」「乱雑にはしたくない」というような行動に変わっていきます。

ポイント **細かい行動に関することであっても、特性に応じた配慮は必要である**

　発達の特性によって、作業記憶を維持し続けたり、自己モニタリング力を身につけることが苦手な園児もいるかもしれません。その場合、苦手さに対しての配慮は必要です。

　例えば、収納が乱雑な際には、

● 「靴下はA、上履きはB……」と収納しやすいように仕切りを入れて、収納物と収納場所を細かく分けてマッチングできるようにする。

　[カバン⇒ボウシ⇒……]という収納手順を飛ばしてしまう際には、

● 収納場所に［①⇒②⇒……］と番号を振ったり、好きなキャラクターシリーズのシールをマークとして順序立てて貼り、全てのキャラクターを制覇すれば収納が完了するという形にする。

● 好きなキャラクターをジグソーパズルで分割し、1つ収納するごとにパズルをはめるとキャラクターが完成する。

などの工夫をしていきます。

ポイント　園児に「自分でできる」という意識が生まれると、保育者との信頼関係が育っていく

ランチョンマット
OK!

「入口タイプ」と「出口タイプ」

　特性というほどではなくとも、気づくことに「入口タイプ」の園児と「出口タイプ」の園児がいます。

　「入口タイプ」の園児は、あらかじめ給食用のランチョンマットを敷き、給食の準備をすませた上で園庭に出ていきますが、「出口タイプ」の園児は、必要になったとき、つまり、園庭から戻って給食の準備になってようやく気づいてランチョンマットを敷くかもしれません。

　また、靴を履き替えるときも、履くときになって靴が下駄箱にないことに気づいて脱ぎっぱなしの靴を取りに行くかもしれません。

　いわゆる「しつけ」は、どうしても、あらかじめ気づいて整える、準備するという「入口タイプ」の園児を育てることを主眼に置くため、「出口タイプ」の園児は、いつも、保育者から注意や指示をされてしまい、自己肯定感が育たなくなってしまいます。

第6章 園児が変わり始めたときに大切な視点

「出口タイプ」の園児の意識を変えていく …………………

　保育者は、入口タイプの園児か、出口タイプの園児か見極めていく中で、出口タイプの子にも「○○くんは必要になってから気づく子だが、必ず気づいて修正できる子だから、細かく声をかけすぎないようにしよう」という姿勢で向き合いましょう。「自ら気づいてできる」という本来の力を育てるため、園児一人ひとりに視線を配っていくほうが、個々のモニタリング力は育っていきます。

　そして、「いつも先生に注意される。いつもやり直しさせられる」という子どもの意識が、「ぼくもできる！」という意識に変わると、保育者からのアプローチを拒否的に受け止めるのではなく、前向きに捉えられる信頼関係が育ちます。そこから、「いつもやり直すのは損だね」「先生と一発でやりきれる作戦を考えてみよう」と提案し、作戦を立てていける関係に持ち込んでほしいと思います。

　やがて、園児自身が自覚しながら、

● 行動を1つ終えたら赤線で消す「ミッションリストアップメモ」
● 行動を1つ終えたら必ず指差し確認する「駅員さんスタイル」

など、本人なりに解決する方法を身につけていってくれます。

2 | 環境の「構造化」を見直していく

クラスが「群れ」から「集団」に変わっていく中で、「構造化」を見直していく

　その都度説明しなくても、与えられた環境でどう行動すればいいかわかるための環境面の配慮をしていくことを、ここでは「構造化」と呼びます。

　不特定多数の人が利用する、例えば、銀行のキャッシュコーナーや映画館のチケット販売コーナーなどのフォーク状の通路、新幹線ホームで並ぶ際の先発・後発ライン、コンビニのレジ前の矢印、病院での各診療科を示す矢印等、街にはこうした空間・場所の構造化の配慮があちこちに見られます。

　街は、外国人の方、様々な生活文化を背景にした方、老若男女の「群れ」なので、こうした環境上の配慮がないと混乱が頻発してしまいます。

　しかし、クラスの園児たちは、入園当初は「群れ」かもしれませんが、一人ひとりが実行機能で動けるようなクラスづくりをしていけば、「群れ」から「集団」に変わっていきます。「ここでは、こうするんだ」「ここでは

こうした約束で動くんだ」と園児たちは理解していきます。

　園では、様々なマーク、矢印、枠、仕切りなどによる構造化が見られます。その都度説明しなくとも、「アッ、こうするんだ」と園児自ら気づいて動けるために、こうした配慮は重要な手段です。

　しかし、大切なのは、その構造化をやめるタイミングです。

> **ポイント** わかりやすい「構造化」によって園児の行動がルーチンとなったら、次の「構造化」に切り替えていく

マークや矢印を見直す

　日々園生活を積み重ねていく中で、特にマークや矢印などを手がかりにせずとも、園児の行動がルーチン（日常的な自然な行動）となってきたら、勇気をもって構造化の配慮をやめていくことが、園児の実行機能をさらに強固にするために必要です。

　園児の行動がルーチン化されているのに、マークや矢印がはがれかかったり重なり合ったり、あるいは園内がマークや矢印だらけの環境では、新

たなルーチン化に向けての環境づくりだったはずのマークや矢印が、園児の注目を集める「図」にならなくなってしまいます。

　発達の気になる子にとっては、なおのこと、はがれかかったマークや重なり合ってしまった矢印は、かえって行動の混乱になってしまいます。

　保育者は、「もう、このマークは不要だな、しっかりルーチン化されたな」と判断したら、大きなラインを場所の目安としての小さなマークに変えたり、思い切って不要なテープやマークを取り去って、園環境をリフレッシュさせるメンテナンスに努めてほしいと思います。

　園児の中には「ぼくたちが自信をもって動けるようになったから、このマークはいらないということだな」と自らの成長を実感し、「先生、ぼくたち、このマークは卒業だね」と確認する園児もいます。

ホワイトボードを見直す

　ホワイトボード等に示した一日のスケジュールも同様で、多くの園児は、何日か登園すれば、登園後は大体自由遊びで、給食・お昼寝の後に家族が迎えに来てくれるという流れを理解します。

　園児にとって一日のスケジュールが全くのルーチンになると、ほとんどの園児はホワイトボードに興味をもたず、見に行かなくなってしまいます。当然、スケジュールでルーチンとなった項目については取り外すことが大切です。園生活に慣れてくれば、園児たちが知りたい情報は、単に「今日は園庭活動がある」ではなく「園庭活動で何をするのか？」であり、「遊戯室で〇〇ゲームをする」ではなく「〇〇ゲームがどのように展開されるのか？」という情報です。

　「今日はどんなことがあるんだろう？」と期待と若干の不安をもってホワイトボードに向かう日々を、どれだけ園児のテンションを落とさず継続できるかは、実行機能を育てる上でとても重要です。

　最終的には、実行機能がしっかりと育ったクラスの園児は、保育者がいなくとも混乱なく活動してくれるようになります。

　それは、「次はどうするんだっけ」「〇〇班は〇〇に移動したぞ」「みん

第6章 園児が変わり始めたときに大切な視点

な、時計をチラチラ見だしたぞ、そろそろ終わりの時間だ」「ここではどこに座ればいいんだろう」「どこに集まればいいんだろう」というように、周りをモニタリングしつつ、自らの行動をモニタリングしていく力が一人ひとりの園児に身についたからです。

むしろ、

- 「毎日の積み重ねとお友だちの動きを手がかりにしていけば、たいがいのことは困らない」
- 「戸惑ったり、困ったとき、日々のルーチンでは対処できないイレギュラーなとき、お友だちの動きを手がかりにできずに自分で判断しなくてはいけないときは、先生に相談すればいい」

という自らの行動指針を身につけていってくれます。

筆者は、年長の後半期には、「先生、そろそろ『構造壊し』をしてみませんか」と最終の取り組みをお願いしたりします。

それは、実行機能が育った園児たちは、保育者が特段、指示をしたり、注意をしたり、ルール提示や約束をしたりしなくとも「周りを見ながら、自分を振り返る」という行動ができる集団に成長していくからです。

そうした意味では、究極の「構造化」は「周りを見ながら、自分を振り返る」という自己モニタリング・他者モニタリング力の育ったクラス環境だともいえます。

3 「全体と自分」を振り返る力を育てる

ポイント 周りの園児を見ながら、「ぼくはどうかな？」の自己モニタリング力を育てるために、全体の場でも近づいての個別対応はしない

　行事などで全体の場で整列した際に、列の乱れなどが気になり、つい列から外れ気味の園児に近づいて、声かけや個別対応をして列を整えてしまうことがあります。

　こうした「近づいての個別対応」を繰り返していくと、周りの園児は「列の乱れは○○くんのこと、ぼくには関係のないこと」という意識を育ててしまいます。そのため、手持ち無沙汰になったり、刺激に気をとられがちになります。

　つい個別に近づいて対応しがちな保育者には、「近づくことをやめて、本来の保育者の立ち位置から『○○くん……』と気づかせて、ジェスチャー等で自ら列の乱れに気づいて修正できるようにする対応に徹してください」とお願いします。

第6章 園児が変わり始めたときに大切な視点

こうした取り組みを意識的に積み重ねていくと、「○○くん……」と気づかせたときに、他の園児も「ぼくは大丈夫かな」「わたしは列を乱していないかな」と自己モニタリングをしてくれるようになります。

「全体と自分」という意識の育ち ……………………………

これは、オーケストラの指揮者が、特定の演奏者に注意を与えるときに、本来の指揮者の位置から、指揮棒等で気づかせて指示を出すことで、他の演奏者も、「自分は音を外していないか」と自己モニタリングをすることと似ています。主活動保育者の立ち位置も、オーケストラの指揮者の立ち位置と似ています。

オーケストラにおいては、こうした積み重ねが「全体の中の自分」「自分と全体」という意識の育ちにつながり、全体の調和されたハーモニーにつながっていくのだと思います。

同じように、園児たちも「クラス全体の中の自分」「自分とクラス全体」という自己モニタリングと他者モニタリングの意識が育つ中で、実行機能の力がより強固になっていきます。

　ある年長さんのクラスでは、運動会に向け、3人×7グループで組体操
の練習に取り組んでいました。

　保育者は、本来の立ち位置から離れることなく、「○○グループ、○
○……」とジェスチャーで組体操の微調整をしていました。保育者が「○
○グループ……」と気づかせる度に、注意を受けていない別の6グループ
も、「ぼくたちの隊形は大丈夫かな？」と、互いに隊形を確かめ合ってい
ました。

　当然、運動会の発表当日は、7グループが一体となった組体操が披露さ
れていました。

　それは、7グループのそれぞれが、他のグループのモニタリングと自分
のグループのモニタリングを同時に行いつつ、1つの組体操をこしらえて
いったからです。

　保育者の中には、運動会を境にクラスの状況に変化が生まれるという実
感をもたれる方が多くいます。1年で最も力の入る取り組みの1つである
運動会は、クラス崩壊の方向に拍車がかかるか、あるいは、より実行機能

の高まったクラスに育つか、大きな影響力をもっているのです。

　運動会の種目をこなすことのみに一生懸命になり、保育者が園児の気になる部分に対してひたすら個別対応を繰り返していくと、集団が崩れ、刺激反応で動く園児が増えていくクラスになってしまいます。逆に、運動会の練習を通じて保育者が園児に「気づかせる」取り組みを進めていくと、運動会を成功させたいという思いが「全体と自分」「全体と自分たちのグループ」という自己モニタリング・他者モニタリングの意識を後押しし、結果として、より強固な実行機能のあるクラスに育っていきます。クラスづくりの1つの分岐点として、「運動会」という取り組みは大きな意味をもっているのです。

　特に、自己モニタリング・他者モニタリングの苦手な発達の気になる子にとって、普段とスケジュールが違い多くの取り組みが展開される中で、自分がどう動けばよいのか、全体に目を配りながら必要なところに注目することが求められる、運動会・発表会等の行事は、非常に負荷のかかる取り組みです。「運動会という行事によって、せっかく積み上げた日常のルーチンが壊れてしまったり、かんしゃくやこだわりが強くなってしまったら元も子もないので、行事の日はお休みに……」と、検討をする園もあります。

　確かに、園全体がクラス崩壊的な環境では、そうした判断もやむを得ないかもしれません。

　しかし、園児たちの実行機能の育った園では、夢中で真剣に取り組む周りの園児の力を借りて、気になる子も苦手な行事にチャレンジすることが、むしろ自信を深め、大きく成長できる機会になるともいえます。

> **ポイント** 気になる子に対してプライベートな距離での対応を無意識に行っていないか振り返る

意図に気づくのが苦手な気になる子 ·························

　人と人には、「パーソナルスペース」などと呼ばれるプライベートな距離があり、一般的に45cmから60cmの距離だといわれています。

　通常、この距離に近づかれると、

- 「この人はなぜ近づいたんだろう？」
- 「私に頼みごとがあるのか？」
- 「私に何か気づいてほしいのか？」

など、近づいた人の意図を理解しようとします。

　気になる子の中には、近づかれたときに、相手の意図を理解しようと「Aかな？」「Bかな？」「それとも……」といくつかの選択肢を想起することの苦手な子がいます。

例えば、保育者が「○○を忘れているよ」「○○してください」という意図を理解してもらおうと園児に近づいたときに、通常は「ハッ」と気づく反応になります。しかし、相手の意図を理解することの苦手な園児だと、その意図に気づこうとするよりも、たまたま視界に入った保育者の着ている服のキャラクターや、保育者の髪などの五感の刺激に気をとられたり、日頃からスキンシップを強化している場合は思わずおんぶや抱っこを求めたり、逆に日頃から注意や叱責を繰り返している場合は保育者が近づいただけでかんしゃくを起こしたりしてしまいます。

「気づかなきゃ」という意識を強化させる

保育者には、気になる子で、他人の意図を理解することが苦手な傾向がある場合には、プライベートな距離に近づくときには十分な配慮をするようにお願いします。

保育者が近づいたときには、園児が「何かに気がつかなきゃ」「先生がぼくに何かを気づかせようとしてるから、それに応えなきゃ」という意識をもてる関係を日々強化してもらいます。

● 「○○くん」と声かけしたら、必ず何かお手伝いなどのミッションをお願いする。

● プライベートな距離に近づかない距離で、「○○くん」と声かけして、気づいてほしい物を提示したり、気づいてほしい行動をジェスチャー等で示したりして気づかせる。

というように、「気づかせる」という意識的な対応をしていきます。

こうした意識的な対応を積み重ねていくと、保育者が安易に気になる子に「近づく、近づく」という動きが減っていき、代わりに、気になる子が保育者に近づいて、ミッションを受けて行動し、報告に戻るという、保育者を拠点にした「行って戻る、行って戻る」という関係が強化されていきます。

> ポイント　園児の想像力に任せた指示や声かけを無意識に行っていないか振り返る

気になる子の不安を高めてしまう伝え方 ··················

　気になる子が、想像することに苦手さがある場合、何かを指示したり気づかせたりする際に、気になる子の想像力にゆだねて「あなたが、適切な行動の選択肢を見つけて、自ら気づきなさい」という対応をとると、気になる子の不安感を大きくしてしまいます。

　一見、コミュニケーション能力が高くみえる園児であっても、会話の仕方が一方的であったり、相手が興味をもって聞いているのかを気にせず、自らの興味関心のある情報を伝え続けようとする傾向のある園児では、

- 「ダメ」「いけません」などの制止語（では、どうしたらいいのか？　という想像力を働かせなさい、という対応）
- 「いつ、どこで、何を、なぜ……」など５Ｗ１Ｈの疑問形（尋ねる側が具体的に何について知りたいのかを想像しないと、適切に対応できない聞き方）
- 「待ってるんですけど……」「またやったの……」（全ては言いません。あとの「……」は自分で想像力を働かせて気づきなさい、という対応）

第6章　園児が変わり始めたときに大切な視点

147

● 「先に行っちゃうよ……」「もうやってあげないよ……」（もしそうした事態になれば、その後どうなるかは自分で想像しなさい、と追い込む対応）

といった対応を受けると、とたんに応答できなくなってしまったりします。

気になる子が応答しやすい伝え方 ……………………………

　こうした伝え方は、多くの保育者が無意識的、日常的につい言ってしまう口癖です。

　こうした対応は、気になる子にとって大きな不安感を招き、同時に、コミュニケーションの苦手さを増幅させてしまいます。気になる子に応答できるという自信を深めてもらうには、「白紙の状況から想像を働かせ、いくつかの選択肢を想起させる」という気になる子の想像力のみにゆだねる対応ではなく、

● 「Aにする？」「Bにする？」という応答可能な選択肢を用意した伝え方

言葉の理解が苦手であれば、

● 「Aの具体物」と「Bの具体物」や「Aの絵カード」と「Bの絵カード」等を提示して園児に選んでもらい、相手に従うのではなく園児自身が判断して決定したことが現実のものになると実感できるような伝え方

などを心掛け、応答に対して苦手意識をもたせない配慮をしましょう。

　こうした対応をしていくと、「他者からコミュニケーションを求められても不安になることはない」「選択権（自己決定権）は自分にある」「自分が選択したものが事実になる」という、意思決定支援にもつながっていきます。

ポイント　気になる子のスキンシップは、「パブリックな活動」から「プライベートな場面」へと段階的に行う

　プライベートな距離における「人と人との適切な関係」を育てていくために、気になる子とスキンシップやボディタッチによるコミュニケーションを豊かにしようとするときには、段階を踏んだ丁寧な関わりが必要です。

　気になる子に対して、自由時間等に仲良しグループに加わってもらおうと、すぐにお友だち同士のプライベートな場面でのスキンシップ等を要求するのではなく、まずは体操やリトミック、お遊戯等の「パブリックな活動」を通じて人と人とが手をつないだり、スキンシップやボディタッチを行うという取り組みをスタートさせます。徐々に園児相互のプライベートな場面でのスキンシップやボディタッチにつなげていけるよう、意識的に、園における様々な場面で「人と人とが直接的に関わる」取り組みを入れていきます。

第6章

園児が変わり始めたときに大切な視点

おわりに

　実行機能を育てるクラスづくりに向け、園児に身につけてほしい園での行動原則についてこれまで繰り返し述べてきましたが、最後にもう一度まとめてみたいと思います。

　園児に行動を促す方法として、多くの保育者は、

① 園児に「指示する」「注意する」「説明する」

という対応をし、その「指示・注意・説明」を受けて、

② 園児が行動を起こす

という指導方法をとっています。

　特に、「丁寧に説明し、内容をしっかり理解させた上で取り組ませたい」と思う保育者は、事前説明に時間を費やします。

　多くの園児は、説明時間が長くなるにつれて、集中力が落ちていきます。そして、長い説明の後の、保育者の「わかりましたか?」といういつもの締めの言葉を待ちかまえ、早く活動に入りたいという気持ちを抑えつつ、条件反射的に「わかりました」と応じます。

　このようなクラスでは、保育者は説明をすることが指導だと思い、園児は説明を聞いて「わかりました」と返答することが保育者に応えることだと理解しています。

　実行機能の力が育っていないクラスでは、どんなに丁寧に説明を尽くしても、それが保育者の意図通りに実際の行動として実行されることはないというのが筆者の実感です。

　この、①保育者の「指示・注意・説明」、②園児の行動という指導方法は、園児の主体的な行動を生み出すのにはあまり効果を発揮しないのではないか?　と振り返りましょう。むしろ大切なのは、保育者が「指示・注意・説明」で情報を提供することではなく、園児たちが自ら行動できるように、必要な情報を得ようとする力を育てることだと心に落とし込むこと

です。

　そこで、これまでの指導方法に変えて、図で示したように、

① クラス環境（ホワイトボードや備品の配置等）・保育者・周りの園児か
　ら園児が情報を得る。

　それでも戸惑うときや、追加情報や説明が必要なときは、

② 園児 ⇒ 保育者の視線・相談（「○○はどうすればいい?」）が発出される。

③ 保育者 ⇒ 園児へ、必要十分な、過剰でない「指示・注意・説明」を行う。

　こうした保育者と園児の関係に変えていくということです。

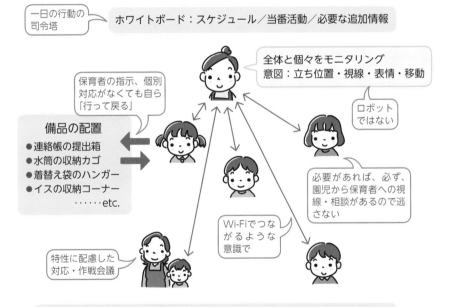

この関係が育っていくと、

① 園児が自ら情報をつかみとり、過去の経験と照らし合わせて行動していく。

② 理解や気づきの苦手な園児も、行動をスタートさせた先発グループの動きを手がかりとして行動し始める。

③ ①の先発グループと②の追随グループの動きをさらなる追加の手がかりとして、発達の気になる園児が行動を起こす。

という流れで園児が自ら行動していきます。実際は、気になる子の中で特に多動傾向のある園児は、むしろ先発グループの中の先発で行動してくれたりもします。

　もし、それでも戸惑うことがあったら、必ず、加配保育者が特性に基づく対応を講ずるようにします。そのためにも、[園児⇒主活動保育者]に加え、[発達の気になる園児⇒加配保育者]への視線・相談（「これでいいのかな？」「ぼく自信がないからそばにいてほしいな」）が、本人から出されることを信じ、そのアプローチを見逃さないよう、園児の苦手さや戸惑いに目を離さず、モニタリングしていきましょう。

　こうした指導方法に切り替えていくことによって、実行機能を活かして主体的に行動する園児を育てていくことができます。

　筆者の実感では、こうしたクラスづくりを園全体が取り組んでいくと、年長クラスの実行機能を活かした夢中で本気の活動を見て、年中クラスの園児たちは「来年は、ぼくたちも……」、年少クラスや未満児クラスの園児たちも「早く、お兄さんお姉さんたちのように……」というモチベーションが強まり、結果として園全体が活気に満ちていきます。

　そうした光景は、朝の園庭での園児全体でのダイナミックな遊戯で垣間見ることができますし、また、運動会等の行事をやりとげた後に、年中クラスの園児が年長クラスの披露した演舞を「ぼくたちもやってみたい」と保育者に希望するようになったりします。そして、行事を境に、園全体の

活動がグレードアップしたりします。

　しかし、園全体として「ヨーイドン」で園児の実行機能を育てるクラスづくりを目指しても、実際は、保育者それぞれの保育観や保育スキルのばらつき等により、容易ではありません。

　園全体に広げていくためには、１つのクラスで実行機能を育てるクラスづくりを実践し、実現してもらう必要があります。

　その中で、「３歳児でもこれだけの動きができるんだ」「○年前とは様変わりだ」「○○先生にできて、私にできないはずはない」というように園全体に広がっていくというのが筆者の実感です。

　クラスづくりの手がかりとして、モデル的な園に見学に出向く取り組みも有効です。見学した保育者さんは、「同じ年中のクラスなのに、カルチャーショックでした。あの事実を目の当たりにすると、『できない』とあきらめるわけにはいきません」と率直に実感し、本格的なクラスづくりの取り組みに踏み出していきます。

　筆者が巡回支援した保育者さんの中には「福岡先生のアドバイスも役に立ちましたが、私の取り組みに火をつけたのは、見学に行った○○園の○○クラスです」と話される方もいます。

　まずは園に１クラス、そして地域に１園……というように、実行機能を育てるクラスづくりを広げていく取り組みをしてほしいと思います。

　こうした取り組みを数年にわたり、意図的に進めてきたある市の担当者が「福岡先生、○○園の○○先生は『備長炭』になったのでもう後戻りしませんよ」と、各園の成果を伝えてくださることが続きました。

　「『備長炭』ってどういうことですか？」と尋ねると、
「こちらから火をつけて煽ったり、福岡先生が巡回支援に出向いてカンファレンスしたりして数か月はクラスづくりの取り組みを維持できても、自ら燃え続ける力がないと、やがて消えてしまいます。『備長炭』というのは、もう自ら火を絶やすことがないということです。保育者にとって、

『備長炭』になる一番のモチベーションは、夢中で本気に活動する園児たちから与えられる感動です」
と担当者の方は話してくださいました。

　園児たちは必ずそうした宝物を保育者に返してくれます。

　「備長炭」になった保育者さんが各クラスに、そして、各園に広がっていってくれないかなと願っています。

　本書を刊行するにあたり、多くの実践のヒントを与えてくださった保育園、幼稚園のスタッフの方々、素敵なイラストで内容の理解を助けてくださったあべまれこさん、そして何よりも、荒削りの原稿を丁寧に編集してくださった中央法規出版の矢﨑淳美さんに感謝いたします。

著者紹介

福岡 寿
(ふくおか ひさし)

日本相談支援専門員協会顧問。
東京大学文学部卒業後、長野県内中学校教師、知的障害者更生施設
長峯学園指導員、地域療育拠点施設事業コーディネーター、北信圏
域障害者生活支援センター所長、社会福祉法人高水福祉会常務理事
を経て、平成27年退職。
平成8年度より保育園等の巡回訪問指導に取り組み、クラス運営と
発達の気になる園児への対応等についての助言を行ってきた経験を
踏まえ、現在はフリーで保育園等の訪問指導を行いつつ、全国各地
で研修講師を務める。

主な著書

- 『施設と地域のあいだで考えた』ぶどう社、1998年
- 『三訂 障害者相談支援従事者初任者研修テキスト』中央法規出版、2013年
- 『こうすればできる！ 発達障害の子がいる保育園での集団づくり・クラスづくり』エンパワメント研究所、2013年
- 『相談支援の実践力——これからの障害者福祉を担うあなたへ』中央法規出版、2018年
- 『気になる子が活きるクラスづくり——発達特性を踏まえた保育のコツ』中央法規出版、2019年　ほか多数

気になる子の「できる！」を引き出すクラスづくり

実行機能を活かして育ち合うための保育のコツ

2021年6月10日　初版発行
2022年6月10日　初版第2刷発行

著　者　福岡　寿
発行者　荘村明彦
発行所　中央法規出版株式会社
　　　　〒110-0016　東京都台東区台東3-29-1　中央法規ビル
　　　　Tel 03(6387)3196
　　　　https://www.chuohoki.co.jp/

装幀・本文デザイン　　澤田かおり（トシキ・ファーブル）
カバー・本文イラスト　あべまれこ
印刷・製本　　　　　　株式会社ルナテック